アーカイブズとアーキビスト
記録を守り伝える担い手たち

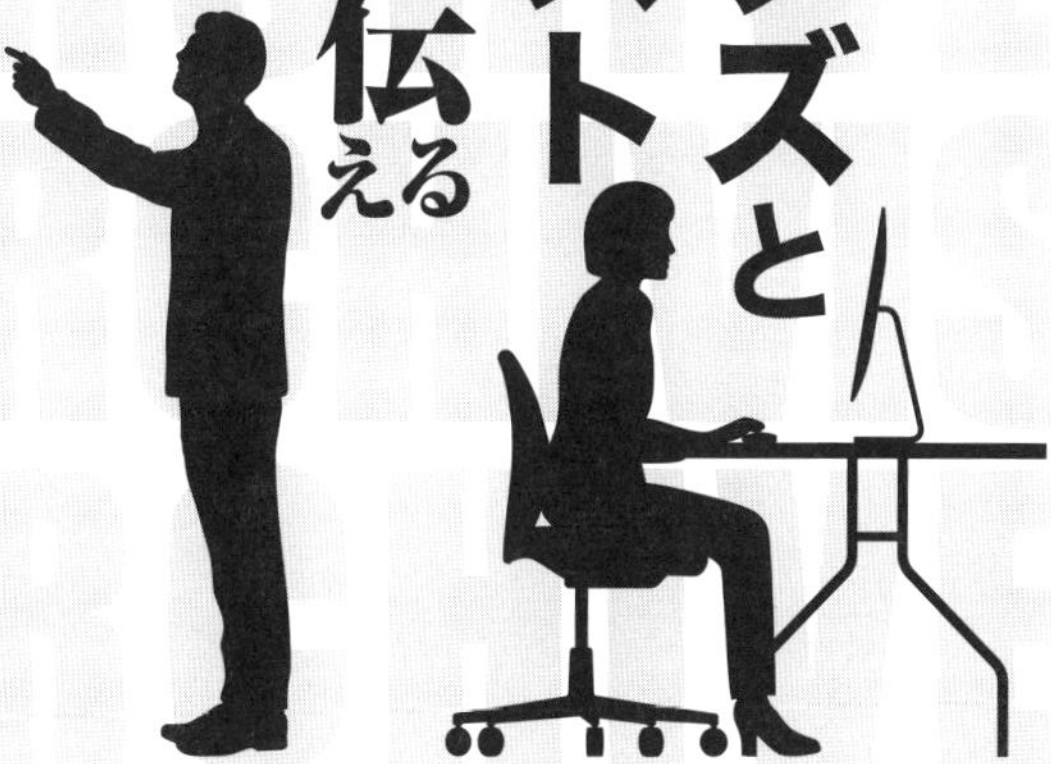

大阪大学アーカイブズ 編

HANDAI Livre 076

大阪大学出版会

はじめに

アーカイブズとアーキビストは、まだ一般になじみがある言葉ではない。アーカイブズは文書を保存するところであり、アーキビストは文書の保存を受け持つ人を指す。アーカイブズもアーキビストも外来語であるが、文書を集めて保存するところや文書として記録し保存する係が、わが国に存在しなかったわけではない。しかし、わが国では、自分たちのための正当化や備忘録としてではなく、第三者がアクセスできるように文書を保存するという考えは、なかなか根付いてこなかった。それは、わが国においては、情報公開制度が民主主義に不可欠な仕組みとして普及定着したのが、一九八〇年代以降のことであるのと同様であり、アーカイブズの制度の普及は、情報公開制度よりもさらに遅れて現在進行形なのである。しかし、文書が作成され適正に管理されていなければ、情報公開制度は機能しない。アーカイブズは、良くも悪くも、これまでの国の姿を映し出す鏡である。アーカイブズという鏡が健全でなければ、国の姿に正確に向き合うことは叶わない。

アーカイブズがまだ全国的に整備途上であることと軌を一にして、アーキビストもまた、図書館の司書や博物館の学芸員のような公的な資格として認められるには至っていない。二〇二〇年に漸く、かねてより、関係者が待望していたアーキビストの公的資格化に向けた最初の第一歩が、国立公文書館により「認証アーキビスト」制度として始められた。

アーキビストが専門職として認知を受けるためには、その養成課程が広く利用しやすいものでなければならない。しかし、二〇二〇年の「認証アーキビスト」制度発足にあたって、国立公文書館が認定した養成課程は、学習院大学大学院人文科学研究科アーカイブズ学専攻のみである。そのような状況を変えるべく、大阪大学は、二〇二〇年から、大学院横断的なコースとして、「アーキビスト養成・アーカイブズ学研究コース」を開始して、養成課程の一翼を担うことを目指している。

本書は、大阪大学アーカイブズの研究者が、他大学の研究者の協力を得ながら、共同で、アーカイブズとアーキビストについて、わかりやすく解説した入門書である。本書を手にした方に、アーカイブズとアーキビストに対して関心が呼び起こされることを期待している。

二〇二一年二月

大阪大学アーカイブズ
高橋明男
菅　真城

アーカイブズとアーキビスト——記録を守り伝える担い手たち＝目次

第一講　アーカイブズ学事始め

大阪大学アーカイブズ
菅　真城

一　アーカイブズとアーキビスト

アーカイブズ

近年、アーカイブズあるいはアーカイブという言葉を目にする機会が多くなった。英語のarchivesのカタカナ語である。NHKアーカイブスのように、アーカイブスと濁らない語が用いられることもあるが、これはNHKの造語である。アーカイブズとアーカイブは厳密に使い分けられているわけではないが、アーカイブ（archive）の場合、名詞と同時に動詞としての意味を持たせている場合がある。本書では、複数形名詞archivesを使用し、かつ「大阪大学アーカイブズ」が編者となっていることから、原則としてアーカイブズという用語を使用する。なお、アーカイヴズ、アーカイヴとカタカナ表記されることもあるが、日本アーカイブズ学会という学会も存在する。同学会発足にあたっては、識者が英知を集めて「アーカイブズ」という用語を採用したことを尊重してのことでもある。

わが国の代表的な国語辞典である『広辞苑』（第七版、岩波書店、二〇一八年）では、「アーカイブ」を立項し、

① 古文書・記録文書類。また、その保管所。公文書館。
② コンピューターで、関連のある複数のファイルを一つにまとめること。また、まとめたもの。まとめる際に圧縮されることが多い。

と説明している。②のコンピューター用語としてのアーカイブは本書の対象外として、「①古文書・記録文書類。また、その保管所。公文書館。」との説明には、後掲の国際アーカイブズ評議会の用語集による定義と比べると言葉足らずのところがあるが、資料としてのアーカイブズ、施設（機関）としてのアーカイブズの二義があると解説していると考えられる。まずはこのことを押さえておこう。アーカイブズは近年の外来のカタカナ語のようではあるが、その資料と施設はわが国にも古くからあるわけである。例えば、世界の記録でもある国宝「東寺百合文書」は京都の東寺に伝えられた日本中世の古文書であるが、それは東寺の寺院経営上の必要から現在まで伝来したアーカイブズ資料である。現在では、京都府のアーカイブズ機関である京都府立京都学・歴彩館で保存・公開されている。しかし、近代的な意味での誰に対しても開かれたアーカイブズ機関は、一九五九（昭和

三四）年の山口県文書館の設置を待たなければならない。

もう少し、アーカイブズの定義について専門的にみておこう。国際アーカイブズ評議会（International Council on Archives, ＩＣＡ、国際文書館評議会や国際公文書館会議と訳されることもある）が一九八八年に出した用語集では、以下のように解説されている（訳は岡崎敦による）。

① ある法人あるいは個人が、その活動の過程で作成、受領し、さらに組織固有の必要のために、それを形成させる主体あるいは後継者によって保管されるか、あるいはアーカイブズ上の価値ゆえに、適正な資料保管組織に移管される資料の総体で、日付、形態、物的支持体の如何を問わない。
② アーカイブズ資料の処理、目録化、保存、公開のための専門機関。
③ アーカイブズを保存、公開するための建物。

この定義に従えば、親組織から「移管」されたアーカイブズ資料を取り扱う機関がアーカイブズ機関である。このようなアーカイブズ機関およびその機能のことを「組織（機関）アーカイブズ」といい、図書館や博物館が行うコレクションの収集とは本質的に異なる。一方で、親組織以外の団体や個人等から集められたアーカイブズ資料を扱う「収集アーカイブズ」も存在する。「組織（機関）アーカイブズ」と「収集アーカイブズ」を併せた「統合（トータル）アーカイブズ」という語もある。

欧米のアーカイブズ学では、「組織（機関）アーカイブズ」がスタンダードなアーカイブズであるが、日本ではこのことが定着しているとは必ずしも言いがたい。

アーカイブズ機関は、国、地方自治体、学校、企業など様々なところで置かれている。公的なアーカイブズとしては、国には、独立行政法人国立公文書館、外務省外交史料館、宮内庁宮内公文書館がある。都道府県には三九の、政令指定都市には九の、市町村には三二のアーカイブズが置かれている。図書館がほぼすべての地方自治体に置かれているのに対して、アーカイブズを設置している地方自治体ははるかに少ない。都道府県レベルでもアーカイブズが無い県があり、基礎自治体においてはごくわずかのアーカイブズしかない。この他、「国立公文書館等」（国立公文書館に類する機能を有する施設）として、一二国立大学法人と日本銀行のアーカイブズがある。

アーキビスト

このアーカイブズ機関でアーカイブズ資料を取り扱う専門職員のことをアーキビスト（archivist）という。なお、図書館にはライブラリアン（librarian）、博物館にはキュレーター（curator）という専門職員が置かれていて、それぞれ日本では司書、学芸員と呼ばれるが、いずれも国家資格である。一方、アーキビストに対する国家資格はなく（複数の民間資格は存在するが）、日本語訳もない。

司書、学芸員の地位は、それぞれ一九五〇（昭和二五）年の図書館法、一九五一（昭和二六）年の博物館法で確立した。一方、アーカイブズに関する法律は、一九八七（昭和六二）年成立の公文書館法まで待たなければならない。同法第四条には、「公文書館には、館長、歴史資料として重要な公文書等についての調査研究を行う専門職員を置くものとする。」とある。この「専門職員」が「アーキビスト」のことであるが、前述したように、固有の専門職名はみられない。しかも、専門職員の設置が義務づけられながらも、附則第二項で、「当分の間、地方公共団体が設置する公文書館には、第四条第二項の専門職員を置かないことができる」という特例が規定された。その理由として、当時は養成制度が不十分なことなどが挙げられていた。法制定から三〇年以上経過しても「当分の間」は続いており、この附則を廃止することがアーカイブズ関係者の悲願となっている。
地方自治体アーカイブズのアーキビストの多くが正規職員でなく、非正規の非常勤職員（会計年度任用職員）で低待遇であることも問題である。学校教員が人事異動でアーキビストにあてられるケースもある。日本の官公庁はジェネラリスト型の人事体系であるが、そのなかでスペシャリストであるアーキビストをどう処遇するかという課題がある。

なお、二〇〇九（平成二七）年には公文書の作成から整理・保存・廃棄・移管・アーカイブズ機関での保存・公開までライフサイクルを規定した公文書管理法が制定されたが（第二講参照）、この法律にはアーキビストなど文書管理の専門職員に関する規定が欠落している。

二　アーキビストの「職務基準書」と「認証アーキビスト」

アーキビストの職務基準書

アーキビストが国家資格でなく、その存在基盤が脆弱なことは前述したが、二〇二〇（令和二）年度から国立公文書館長が認証する「認証アーキビスト」制度が開始された。国立公文書館ではそれに先だって、二〇一八（平成三〇）年一二月付けで「アーキビストの職務基準書」（以下、「職務基準書」）を外部有識者による検討会議、全国の関係機関の意見を聴取したうえで策定した。「職務基準書」は英語でいうところの job description であり、アーキビストの仕事の専門性を明確にすることを目的としたものである。今後のアーキビストのあるべき姿の指標となってゆくであろう。全文は国立公文書館のウェブサイトで公開されているので（URLは参考文献に掲げる）そちらをご参照いただきたいが、要点を紹介しておく。

職務基準書は、本文および別表1～3から構成される。

本文は、「趣旨」「用語の使用について」「1　アーキビストの使命」「2　アーキビストの倫理と基本姿勢」「3　アーキビストの職務」「4　必要とされる知識・技能」「5　備考」から構成される。別表1は「職務と遂行要件の対応表」、別表2は「職務の内容とその遂行要件」、別表3は「遂行要件の解説」である。

まず、趣旨として、「我が国における公文書館及びこれに類する機関（以下「アーカイブズ機関」

という。）並びに公文書を作成する機関（以下「公文書作成機関」という。）におけるアーキビストの職務とその遂行上必要となる知識・技能を明らかにし、アーキビストの専門性の確立とともにその養成と社会的な地位の向上を図るため、アーキビストの職務基準書を定める。」とある。

アーキビストの使命としては、「アーキビストは、国民共有の知的資源である公文書等の適正な管理を支え、かつ永続的な保存と利用を確かなものとする専門職であり、組織活動の質及び効率性向上と現在及び将来の国民への説明責任が全うされるよう支援するとともに、個人や組織、社会の記録を保存し、提供することを通して、広く国民及び社会に寄与することを使命とする」としている。公文書管理法第一条を踏まえたものになっている。次いで、アーキビストの倫理と基本姿勢としては、「アーキビストは、その使命を果たすにあたって、「アーキビストの倫理綱領」を踏まえて職務を遂行する必要がある」としている。なお、「アーキビストの倫理綱領」については後述する。アーキビストが担う職務は、「（1）評価選別・収集、（2）保存、（3）利用、（4）普及の四つに大別」している。さらに、それを中分類として九、小分類として二二の職務を明示している。それに対応する遂行要件は三六を示している。このように必要とされる知識・技能を整理しているのである。すべてを満たすにはかなり高度なレベルであるが、遂行上必要な要件とより高度なレベルで遂行するために必要な要件にレベル分けしている。

国立公文書館では、職員採用にあたって、すでにこの「職務基準書」を踏まえることが行われている。今後、他機関でも増えていくことが期待される。多様な機関で、採用、処遇、キャリアパス等の多様な使用がなされることが望まれる。

認証アーキビスト

二〇二〇（令和二）年度から、国立公文書館によるアーキビスト認証が実施されることになった。認証アーキビストについての報道をみると、安部晋三政権下で多発した不適切な公文書管理への対策との論調をみることがあるが、それは正しくない。二〇一七（平成二九）年の公文書管理法五年後見直し対応案（第五三回公文書管理委員会配布資料）には「専門職員の信頼性専門性を確保するため、国立公文書館などの公的機関による認証制度を設けることを検討する」と記載されている。これを受けて、国立公文書館では「アーキビストの職務基準に関する検討会議」を設置し、前述したように、二〇一八（平成三〇）年一二月に「アーキビストの職務基準書」が確定した。次いで、国立公文書館は二〇一九（令和元）年一一月に「アーキビスト認証に関する基本的考え方」を公表、二〇二〇（令和二）年にはアーキビスト認証委員会を設置した。ここにみられるように、一貫して国立公文書館で検討が進められたのだが、その議論の中心は加藤丈夫国立公文書館長であった。加藤は、アーキビストの認証に人並みならぬエネルギーを注いだ。二〇二一（令和三）年一月には第一号の認証アーキビストが認証された。その基になっているのが先に述べた「職務基準書」である。それに先立って、二〇二〇（令和二）年三月には、「アーキビスト認証の実施について」が国立公文書館長決定された。そして、同年六月には「令和二年度認証アーキビスト申請の手引き」が公表された。

認証アーキビストの認証主体は国立公文書館長で、名称は認証アーキビスト（Archivist Certified by the National Archives of Japan）という。認証・更新・取消等の審査を行うのは、有識者からなるアーキビスト認証委員会である。申請要件は、以下の①〜③の全てを満たす者、あるいは同等の能力を有すると考える者である。①知識・技能等については、職務基準書に示される知識・技能等が習得可能な高等教育機関の単位修得、または関係機関の研修修了、②実務経験については、アーカイブズに係る実務経験三年以上、③調査研究能力については、修士課程修了レベルの調査研究能力、が求められている（以上一号申請）。高等教育機関の単位修得、または関係機関の研修修了していない者は、五年以上の実務経験で、修士課程相当を修了している者は、アーカイブズに係る調査研究実績が二点以上必要である。修士課程相当を修了していない者は、上記に加えて、紀要の論文等一点以上が必要である（以上二号申請）。審査方法は、提出書類に基づきアーキビスト認証委員会において個別に審査することになっている。認証の有効期間は五年で、更新制である。准アーキビストや上級アーキビストといった区分について、今後検討が進められることになっている。

認証アーキビストの制度が動き出した意義は大きい。国立公文書館は現在では独立行政法人だが（国立公文書館は一九七一（昭和四六）年に総理府の機関として設置され、二〇〇一（平成十三）年に独立行政法人となった）、それでもわが国で初めて公的機関が認めたアーキビストである。その対象者が果たして何人になるのかという数的問題もある。令和八（二〇二六）年度までに認証アーキビスト約四〇〇名、准アーキビスト約六〇〇名を養成すると見積もられているが、それが達成できるか疑問視する向きもある。しかし、アーキビストの国家資格化にむけた大きな一歩と評価できるであろう。

令和二年度は、認証アーキビスト七〇人程度と見積もられていたところ、一号申請は四八名、二号申請は二〇〇名、計二四八名が申請した。そして、令和三年一月一日付けで、計一九〇名の登録アーキビストが誕生した。所属別では、公文書館が一一〇名、その他が七七名、非公表が三名である。公文書館の内訳は、国立公文書館、国立大学文書館などが四三名、地方自治体立公文書館が六七名である。平均年齢は四八・八歳で、年齢幅は二九歳~七二歳である。認証者の約四割が女性であるのは特筆される。

三　アーキビストの養成、研修、民間資格

高等教育機関におけるアーキビスト養成

認証アーキビストに大学院修士レベルの調査研究能力が求められていることについては既に述べた。また、高等教育機関の単位修得が申請要件になっていることについても既に述べた。既にいくつかの大学院では、アーキビスト養成がなされている。

二〇〇八（平成二〇）年、アーカイブズ学の研究ならびにアーキビストの養成を目的とする、わ

が国初の大学院専攻課程として、学習院大学大学院人文科学研究科アーカイブズ学専攻の修士課程が設置された。その後、学年進行にしたがって、博士課程も設置された。取得できる学位は、修士（アーカイブズ学）、博士（アーカイブズ学）である。

学習院大学大学院アーカイブズ学専攻での単位修得は、認証アーキビストの申請要件になった。認められた科目は、アーカイブズ学理論研究Ⅰ、アーカイブズ・マネジメント論研究Ⅰ、アーカイブズ・マネジメント論演習Ⅰ、同Ⅱ、アーカイブズ学演習である。

この他、アーカイブズ学が学べる大学院には、九州大学大学院新領域学府ライブラリーサイエンス専攻、法政大学大学院人文科学研究科アーキビスト養成プログラム、駿河台大学大学院総合政策研究科メディア情報学専攻、筑波大学大学院図書館情報メディア研究科図書館メディア専攻などがあるが、認証アーキビストの申請要件にはなっていない。学部レベルでは、別府大学文学部史学・文化財学科に日本史・アーカイブズコースが置かれている。

二〇二一（令和三）年度からは、島根大学大学院人間社会科学研究科社会創成専攻（修士課程）にアーカイブズ学分野が開設される。認証アーキビスト資格に対応したカリキュラムを編成している。

大阪大学では、二〇二〇（令和二）年度から大学院修士レベルで文学・法学・経済学の三研究科が連携して「アーキビスト養成・アーカイブズ学研究コース」を設けた。認証アーキビストの要件たることを目指して、国立公文書館との協議を進めている。その他いくつかの大学で同様の動きがみられる。

その他の機関におけるアーキビスト研修・養成

高等教育機関においてアーキビスト養成が行われると同時に、現職者に対する研修によりアーキビストとしての能力を高める取り組みも行われている。

国立公文書館では、アーカイブズ研修Ⅰ〜Ⅲが行われている。このうちアーカイブズ研修Ⅰおよび Ⅲが認証アーキビストの申請要件になっている。アーカイブズ研修Ⅰは、五日間の初任者研修である。アーカイブズ研修Ⅲは、公文書館法第四条第二項に定める公文書館専門職員として必要な専門知識の習得を目的とした九〇時間（三週間）の上級者向け研修である。

国文学研究資料館では、アーカイブズ・カレッジ（長期）（短期）が行われている。前身の研修は、一九五二（昭和二七）年から行われており、わが国におけるアーカイブズ関係研修の草分けである。長期研修が認証アーキビストの申請要件になっている。この研修は三〇日間である。国文学研究資料館は、正式名称を大学共同利用機関法人人間文化研究機構国文学研究資料館（東京都立川市）といい、大学共同利用機関であるから、現職者への研修と同時に、大学院生への単位認定も行われている（現在一四大学院）。

この他、企業資料協議会ビジネスアーキビスト養成講座（基礎コース）（応用コース）、国立女性教育会館アーカイブ保存修復研修（基礎コース＋実技コース）、ＮＰＯ法人行政文書管理機構

（ADMiC）行政文書管理アカデミーなどがある。

アーキビストの民間資格

アーキビストについては、認証アーキビスト以前に、民間による資格認定制度がいくつか存在する。以下にそれを列挙する。日本アーカイブズ学会による日本アーカイブズ学会登録アーキビスト。社団法人日本画像情報マネジメント協会による文書情報管理士と文書情報マネージャー。一般社団法人日本記録情報管理振興協会による記録情報管理士。一般社団法人日本経営協会による公文書管理検定。NPO法人日本デジタル・アーキビスト資格認定機構によるデジタル・アーキビスト。

なかでも、日本アーカイブズ学会登録アーキビストは、二〇一一（平成二三）年に創設された日本国内初のアーキビスト資格である。二〇一九（平成三一）年度末時点で、一〇二名の登録アーキビストがいる。

四　アーキビストの倫理綱領と専門職協会

およそ、ある職業が専門職と認められるためには、専門職団体があり、倫理綱領を持つ必要がある。倫理綱領について、『図書館情報学用語事典　第四版』（丸善出版、二〇一三年）は、次のように説明している。

専門職団体が、専門職としての社会的責任、職業倫理を行動規範として成文化したもの。多くの専門職団体では倫理綱領を作成、公表している。医師は「ヒポクラテスの誓」以来の伝統を持ち、看護師にも「ナイチンゲール誓詞」がある。また、社会的影響力が強いマスコミも、出版、新聞、雑誌などの協会が各々倫理綱領を作成している。専門職を目指し、情報を扱う図書館においても、日本図書館協会の「図書館員の倫理綱領」やアメリカ図書館協会の「アメリカ図書館協会倫理綱領」、CILIPの「図書館情報専門職の倫理綱領」といった名称のものが作成されている。

いくつか日本における倫理綱領について具体的に説明しよう。例えば、医師は、一九五一（昭和二六）年に日本医師会が「医者の倫理」を定めてその後の様々な倫理綱領の基本となっている。弁護士は、一九九〇（平成二）年に日本弁護士連合会が「弁護士倫理」を定めている。

アーキビストの倫理綱領は、欧米各国では整備が進んでいる。一九九六年には、国際アーカイブズ評議会（ICA）総会で「倫理綱領」が採択された。これには、各国がこれに準拠することで倫理綱領の普及を図りたいという考えがある。

一方、日本では独自のアーキビストの倫理綱領はない。職務基準書でも、「アーキビストは、その使命を果たすにあたって、「アーキビストの倫理綱領」（Code of Ethics, International Council on Archives, 一九九六年九月六日第一三回ICA北京大会総会採択）を踏まえて職務を遂行する必要がある。また、アーキビストは、常に公平・中立を守り、証拠を操作して事実を隠蔽・わい曲するような圧力に屈せず、その使命を真摯に追求するとともに、自らの職務に対する高い倫理観と誇りを持ち、継続して研鑽する姿勢を堅持する。」とＩＣＡの倫理綱領を踏まえるとある。「また」以降の後段の文章も、倫理綱領から引用された部分が多い。そこで、ＩＣＡの倫理綱領についてみておくことにする。

ＩＣＡのアーキビストの倫理綱領は、前文六条、本文十条。本文は主文および解説から構成されているが、紙数の関係で主文のみ紹介することにする（出典は、小川千代子ほか編『アーカイブ事典』）。

一．アーキビストは文書館資料の完全性を保護し、それにより資料が過去の証明として信頼できるものであり続けることを保障しなければならない。

二．アーキビストは文書館資料を歴史的、法的、管理運営的な観点からみて評価、選別、維持管理を行い、それにより出所原則を維持し、資料の現秩序を保存しその証明を明白にしなければならない。

三．アーキビストは、資料が文書館で処理、保存及び利用に付される間、記録の典拠性が損なわれることがないよう保護しなければならない。

四．アーキビストは文書館資料が継続的に利用され、理解されるように努めねばならない。

五．アーキビストは、自らが文書館資料に対して施した行動を記録し、それが正当であることを証明しなければならない。

六．アーキビストは文書館資料に対する最大限の利用可能性を促進し、すべての利用者に対して公平な業務を行わなければならない。

七．アーキビストは、公開とプライバシーの両方を尊重し、関連法令の範囲内で行動しなければならない。

八．アーキビストは、一般的な利益において与えられた特別な信頼を用い、自らに与えられた地位を利用して、不公正に自らあるいは他者に利益をもたらすことを避けなければならない。

九．アーキビストは、文書館学に関する知識を体系的・継続的に更新することにより専門領域についての熟練を追求し、その研究と経験の結果を実際に還元するよう努めなければならない。

十．アーキビストは、同一あるいはその他の専門領域の構成員と協力して、世界の記録遺産の保存と利用を促進しなければならない。

このように、アーキビストには高い倫理性が求められているのである。かいつまんでいうと、アーキビストは、公正、公平、公明、平等たれということであろうか。

日本では、アーキビストが専門職として成立していないことはたびたび述べてきた。認証アーキビストはそれを打破する第一歩となることが期待される。さらに、専門職であるアーキビストの協会が組織され、アーキビストをサポートし、知識・技量や地位の向上に貢献していくことが必要であろう。米国には、アメリカ・アーキビスト協会（Society of American Archivists, SAA）という専門職としてのアーキビストの協会が存在する。日本には現在のところアーキビストの専門職団体は存在しない。全国歴史資料保存利用機関連絡協議会（略称：全史料協）がそれに近いが、全史料協は機関会員と個人会員から構成されており、アーキビスト個人の資格で加入する団体ではない。また、日本アーカイブズ学会は学会であり、アーカイブズ学の研究者も含まれており、アーキビストの団体ではない。今後、日本においても、「日本アーキビスト協会」のような専門職協会が必要である。そこでは、日本版「アーキビストの倫理綱領」が作成されることも期待される。海外の直輸入でなく、日本には日本にあったアーカイブズ制度が構築される必要があるのである。

五　アーカイブズの諸原則

前項では、ＩＣＡのアーキビスト倫理綱領について紹介した。少々難読だったのではと思う。その一因にアーカイブズの諸原則が所々に散りばめられていたことが挙げられるだろう。アーキビストがアーカイブズ機関においてアーカイブズ資料を取り扱うにあたっては、様々な原則がある。収集・整理の四原則、利用閲覧の二原則、保存・修復の四原則の十の原則（実際には重複があるので八原則）である。これもやや難解であるが、読者の皆さんが自分の身の回りの資料を整理する際にも応用可能なものである。全国歴史資料保存利用機関連絡協議会監修『文書館用語集』からそれぞれの内容を以下に示す。

① 収集・整理　四原則

(1)出所原則　出所が同一の記録・資料を、他の出所のそれらと混同させてはならない、という基本原則

(2)原秩序尊重の原則　資料相互の関連性や意味あるいは出所において作られた検索手段の有効性などを保つために、単一の出所を持つ記録・資料の出所において作られた秩序（整理番号を含む）は、保存しなければならない、という原則

(3)原形保存の原則　資料に手を加える際に守るべき保存修復四原則のひとつ。保存処置に当たって、資料の原形（簿冊、束、袋などのまとまり、資料の包み方、折り方、結び方）をできる限り変更しないこと。資料を改変するような保存手当て修復措置は最小限にとどめ、できるだけ原形を残す方法・材料を選択すること。

(4)記録の原則　資料群の現状に変更を加える場合は記録に残す。資料に何らかの修復処置を施す場合、その原形及び処置の内容を、技法・使用材料・処置前後写真などを含めて詳細に記録に残す、という原則。

② 利用・閲覧　二原則

(1)平等閲覧原則　国籍その他による差別がなく、誰もが簡単な手続で文書館資料を閲覧できるようにしようという考え方。一九六六年に国際文書館評議会大会で決議された原則。この年は、知る権利と情報公開法が米国で制定された年でもある。

(2)三〇年原則　一般的な記録が発生してから文書館で公開するまでの期間の国際的な目安。一九六八年の国際文書館評議会大会の決議・勧告において、それまでは発生後約五〇年であったのを、最長でも三〇年にすることが盛り込まれている。今日では三〇年より早期の公開が行われている国も少なくない。

③ 保存・修復　四原則

(1)可逆性の原則　史料に対してとられる保存や修復の処置において、元の状態に戻せなくなる可能性のある方法は一切行うべきではない、という原則。

(2)安全性の原則　史料に対して影響が少なく、長期的に安定した非破壊的な保存手当てや修復方法、材料を選択すること。

(3)原形保存の原則

(4)記録の原則

アーキビストがその職務を遂行するにあたっては、これらの原則を踏まえることが大前提となる。

原則を知ることによって、前項の倫理綱領がより理解できたのではないかと思う。

特に、出所原則、現秩序尊重の原則はアーカイブズ学において重要な原則である。出所原則は、資料を受け入れた後も、なるべく受入前の状態に近い形で保管して整理するということである。資料そのものを集合体として扱うのである。書籍の内容によって分類する図書館の整理法とは根本的に異なる。現秩序尊重の原則は、集合体の資料の中ではファイルあるいは簿冊などのような分量の資料を「まとまり」として扱えということである。元の並び方には意味があるのである。

六　そもそもアーカイブズとは――その理念と歴史――

アーカイブズの理念――誰のものなのか――

アメリカ国立公文書館の正面入口には、二体の巨大な彫像が置かれている。その一つの台座に「過去の遺産は未来の収穫をもたらす種子である（THE HERITEGE OF THE PAST IS THE SEED THAT BRINGS FORTH THE HERVEST OF THE FUTURE）」と刻まれている。過去の遺産とは、アーカイブズ資料のことである。過去のアーカイブズ資料を適切に整理・保存・公開し利活用することによってはじめて、豊かな未来社会をもたらすことができる。日本では、「過去のことは水に流して」と言われることもある。確かに、過去のことをすべて未来に伝えることはできないであろう。しかし、過去の価値ある遺産（＝アーカイブズ資料）を利活用することなく未来社会を構築することは不可能である。そのために存在するのがアーカイブズ機関である。アメリカ国立公文書館の正面入口の台座は、この場所がどういうところであるかということを象徴的に示している。

本講冒頭では、ＩＣＡのアーカイブズ定義を紹介した。日本の研究者も様々なアーカイブズの定義をしてきたが、ここでは丑木幸男によるものを紹介しておこう（『アーカイブズの科学』上所収）。

人間が活動する過程で作成した膨大な記録のうち、現用価値を失った後も将来にわたって保存する歴史的文化的価値がある記録史料をアーカイブズという。また、それを行政・経営・学術・文化の参考資料、諸権利の裏づけのために、保存する文書館等の保存利用施設もアーカイブズといい、記録史料を収集、整理、保存、公開する文書館の機能もアーカイブズという。

過去のことはすべて水に流すのではなく、当初の利用目的（現用価値）を失った後も将来的価値があるのがアーカイブズ資料なのである。アーカイブズ資料の利用目的は、歴史研究に限定されない。また、アーカイブズは国家や地方公共団体のみのものではない。個人の、学校の、企業や団体のアーカイブズも貴重なアーカイブズなのであり、それを保存利用するためのアーカイブズも求められている。なお、記録史料とは、安藤正人がアーカイブズ資料に宛てた訳語であるが、近年では記録資料と表記されることもあり、それ以上にアーカイブズというカタカナ語を用いる場合が多い。

その安藤正人のアーカイブズ定義もみておこう（『記録史料学と現代』所収）。

アーカイブズ、すなわち記録史料と文書館は、現代社会の中で次の二つの役割を担っている。一つは、過去と現在そして未来―すなわち〝時間を超えて人をつなぐ架け橋〟としての役割である。二つは、人と人、国と国、地域と世界―すなわち〝空間を超えて人をつなぐ架け橋〟としての役割である。抽象的な表現だが、記録史料という歴史情報資源の活用によって、時空を超えた人類の相互理解を促進することこそが記録史料保存の目的だと考え、これを〝アーカイブズの思想〟と呼んでみたのである。

アーカイブズは時空を超える。何とすてきな言葉ではないか。わたしの、そしてあなたのアーカイブズも時空を超えるのである。

なぜ日本で設置が遅れたのか

アーカイブズは時空を超えるものであるから、少し大げさに言うと、アーカイブズの歴史は人類とともにある。アーカイブズ資料というと文書・記録を連想しがちであるが、近年では無文字社会におけるアーカイブズの研究もなされている。

しかし、やはり文字とアーカイブズとの関係は密接である。紀元前三千年のメソポタミアで、粘土板に楔形文字で刻まれた会計と財産目録が保存されていたことが知られている。前近代において、アーカイブズはそれを作り出した国家、企業、団体や個人の家の財産として保管されてきた。原則として外部には開かれていない。

それが大きく変わったのが、フランス革命後の一七九四年に設置されたフランス国立アーカイブズ（Archives nationales）である。これは国民の閲覧権が認められ、民主主義を支えるアーカイブズの原点になった。その後、オランダ（一八〇二年）、イギリス（一八三八年）、イタリア（一八七一年）、インド（一八九一年）、ドイツ（一九一九年）、アメリカ（一九三四年）などで国立公文書館が設立されていったが、日本の国立公文書館が設置されたのは、一九七一年になってのことであった。現在でも日本のアーカイブズ制度は脆弱である。

しかし、日本にも古くから文書管理の仕組みはあったし、世界に比して膨大な前近代文書が残されてきた。

一八七一（明治四）年に派遣された岩倉使節団はイタリア・ベニスのアルチーヒを訪問し、文書館は図書館・博物館と並んで文化盛んなる国家には設置しなければならない施設と報告している。明治期に図書館・博物館は設置されたが、アーカイブズが設置されることはなかった。アーカイブズもアーキビストも導入されることはなく、したがって日本語訳がつくられることもなかった。

明治憲法体制下では、主権は天皇にあった。行政機関（大臣、各省）は天皇を補弼《ほひつ》する存在であった。行政機関は天皇に対してのみ説明責任を負っており、国民に説明するという概念はなかった。

行政は必然的に縦割りになった。情報公開は無く、アーカイブズ制度も必要とされなかった。戦後、日本国憲法下では国民主権になった。しかし、行政法は変わらず、縦割り行政に基づく文書管理の在り方も変わらなかった。

戦後において、アーカイブズの設置を求めたのは歴史研究者による史料保存運動であった。その後、情報公開を求める運動や公文書館法（一九八七年）、情報公開法（一九九九年）、公文書管理法（二〇〇九年）と国レベルでの法制度の整備が進み、日本のおいてもようやく新しいアーカイブズ像が求められるようになったのである。

本講は、JSPS KAKENHI Grant Number 20K01421 の成果である。

第二講　公文書の管理と保存を法律からみると

大阪大学大学院法学研究科
高橋　明男

一　アーカイブズをめぐる法律

アーカイブズと法

「アーカイブズ」という言葉は法律用語ではないが、公文書に関するアーカイブズは、「集められた資料」という意味のアーカイブズについては公文書管理法が、「集められた資料の保管施設」という意味のアーカイブズについては国立公文書館法と公文書館法が、それぞれ基本的な法律として存在する。本講は、「集められた資料」という意味のアーカイブズに焦点を当てて、公文書のライフサイクルを規律する公文書管理法を手がかりとして、情報公開制度、個人情報保護制度を関連付けつつ、公文書の管理と保存をめぐる法制度を解説する。

公文書管理法

二〇〇九年に制定（二〇一一年施行）された公文書管理法（その来歴については第三講参照）は、それまで現用文書と非現用文書で別個に規律されていた公文書の扱いについて、公文書を国民の共有の知的資源と宣言し、国民主権の理念に基づき、現在および将来の国民に対する説明責任の観点から、現用文書の作成・管理から非現用文書の廃棄または国立公文書館への移管・保存に至る公文書のライフサイクルを統一的に規律する公文書の基本法である。

公文書管理法制定前の公文書の管理は、現用文書については、行政機関情報公開法において公文書を適正に管理するものとするとの規定が置かれ（三七条）、同法施行令一六条において管理に関する統一的基準が定められるとともに、行政文書の管理方策に関するガイドラインが規定されていた。そして、非現用文書については、国立公文書館法一五条と行政機関情報公開法施行令一六条において、内閣総理大臣と国の機関との協議により、廃棄するものを除き国立公文書館に移管するものとされていた。その際、国立公文書館において保存される歴史的文書の利用については、国立公文書館の利用規則が定めていた。つまるところ、公文書管理法制定前は、現用文書の管理に関する法的規律が厳格なものではなく、国立公文書館移管後の非現用文書の利用についても、明確な法的請求権が確立されていなかった。

これに対して、公文書管理法制定後は、まず、現用文書については、行政機関の職員に、意思決定過程と事務事業の実績を合理的に跡付け検証できるように文書を作成することが義務づけられ

（四条）、行政機関の長はこれを行政文書ファイルに整理して、名称と保存期間を設定して保存し（五条・六条）、行政文書ファイル管理簿に記載すること（七条）、そして、保存期間満了時に、歴史公文書に該当するものは国立公文書館に移管し、それ以外のものは廃棄することが義務づけられる（八条）。また、以上のことが適正に行われることを確保するために、行政機関は、公文書管理規則を定めることが義務づけられ（一〇条）、そのための指針として、内閣総理大臣が定める公文書の管理に関するガイドラインにおいて、保存期間基準と廃棄・移管の基準が規定されている。さらに、内閣総理大臣には公文書の管理状況を監督する権限が与えられており、行政機関の長は管理状況を内閣総理大臣に毎年度報告することが義務づけられ、内閣総理大臣は報告を徴取し、実地調査をさせることができる（九条）。加えて、内閣総理大臣が必要と認めるときは、国立公文書館による報告徴取または実地調査も可能である（九条四項）。

一方、国立公文書館に移管された非現用文書は、独立行政法人または行政機関以外の国の機関から移管を受けた文書と併せて、特定歴史公文書として国立公文書館により永久に保存され、一般の利用に供される（国立公文書館法一一条）。特定歴史公文書に対する利用請求があった場合、国立公文書館は、行政機関情報公開法および独立行政法人等情報公開法において不開示情報として定められている情報のうちの一定の類型のもの（公文書管理法一六条一項一号・二号）を除いて利用を認めなければならない。この場合、利用を認めるかどうかの判断にあたって、当該文書が作成または取得されてからの時の経過を考慮することと、利用の制限に関する意見が行政機関の長または独立行政法人等から付されている場合は、当該意見を斟酌することが規定されている（一六条二項）。これは現用文書の情報公開制度においてはみられない特有の規定である。部分の利用が可能な場合はこれを認めて全部の利用を拒否しないこと、第三者の情報が含まれている場合は当該第三者に意見を述べる機会を与え得ることは、情報公開制度と同様に規定されている。

また、利用請求に対する決定に対しては、行政不服審査法に基づく審査請求ができ、審査請求があったときは公文書管理委員会に対して諮問が行われる。公文書管理委員会による不服審査とその答申を経た審査請求に対する裁決の仕組みは、情報公開制度と同様である。それゆえに、公文書管理法に基づく利用請求に対する決定は行政事件訴訟法三条の処分にあたり、利用の拒否または制限に対して、行政訴訟による救済を求められる。

二　情報公開・個人情報保護制度

このように、公文書管理法は公文書のライフサイクルを統一的に規律しているが、そのうち現用文書に関わる部分については、公文書管理法に先立って整備・運用された情報公開・個人情報保護制度に規律の一部を委ねており、公文書管理法の法理念自体も、これらに負うところがある。そこで、情報公開・個人情報保護制度の要点をみておきたい。

情報公開制度

情報公開制度は、わが国においては、「知る権利」の理論的承認と共に、一九七〇年代以降、情報公開制度の検討が始められ、一九八二年の山形県金山町と神奈川県を皮切りに多くの自治体で導入されていった。国レベルでは、一九九一年に閣議決定により行政情報公開基準が決定されたが、法的な請求権が与えられる仕組みではなく、一九九九年になって行政機関の保有する情報の公開に関する法律（行政機関情報公開法）が成立した。行政機関情報公開法の制定後、自治体の情報公開制度もこれに合わせた改正・制定が続き、平成二九年段階で、全都道府県、全市区町村で情報公開制度（条例・規則・要綱）が整備されている。

行政機関情報公開法は、国民主権の理念に基づき、主権者たる国民に対して政府が説明する責務を負うことを理念として掲げているが、先行した自治体の条例において理念とされることがあった国民の知る権利については、その性質や範囲について争いがあることを考慮して、明示することを回避している。しかし、知る権利も国民主権に由来するという側面があり、政府の説明責任は国民の知る権利に対応する責務であって、情報公開法においても、もちろん、国民の主観的な情報公開請求権が保障されている。

行政機関情報公開法においては、行政文書の公開原則が定められているが（五条）、公開対象となる行政文書は、行政機関の職員が職務上作成し、または取得した文書、図画および電磁的記録であって、当該行政機関の職員が組織的に用いるものとして、当該行政機関が保有しているものと定義されており（二条二項）、決裁文書に限られないが、職員が個人的に有しているメモは、組織的に共有されていなければ、対象とならない。

請求権を有する者は「何人」でもよいとされているので（三条）、利害関係を有する必要も、日本国籍を有する必要もなく、情報公開は利用しやすい手段といえる。

公開原則の例外として、不開示情報が規定されている。その第一は個人情報である（五条一号）。何をもって個人情報とするかについては、プライバシーに関する情報とする手法もあるが、行政機関情報公開法は特定の個人を識別できる情報としており、保護範囲が広い。例外的に開示されうる個人情報として、法令により何人も閲覧可能な情報、公表することを目的として作成取得された情報、人の生命等の保護のため開示することが必要な情報、公務員の職と職務遂行に関する情報が示されている（五条一号但書）。また、個人識別情報であっても法人を代表した立場や法人のための契約締結等に関する情報の場合は個人情報とされない（最高裁平成一五年一一月一一日判決民集五七巻一〇号一三八七頁）。

個人情報（教育情報や医療情報）を本人が情報公開請求によって開示を求めることができるかどうかという問題については、個人情報保護制度の問題であるとして否定する考え方と、情報公開制度の枠内でも本人に不利益がないから開示を認めるべきであるとする考え方とがあるが、最高裁平成一三年一二月一八日判決（民集五五巻七号一六〇三頁）は、情報公開制度が先に採用され、個人情報保護制度が採用されていない段階においては、当該個人の権利利益を害さないことが請求自体において明らかなときは、個人に関する情報であることを理由に請求を拒否することはできないと判示した。この判断が、個人情報保護制度があっても、自己情報が開示されない場合にも適用されるのかは課題である。

そのほかの不開示情報の類型として、法人情報、国の安全・外交情報、公共の安全情報、意思形成過程情報（審議、検討、協議情報）、一般条項的な類型として事務事業情報がある（五号二号〜六号）。

前述したように、情報公開制度における不開示情報の類型は、非現用文書となったあとでも利用が制限されるが、意思形成過程情報については、非現用となった段階では意思決定が行われた後であるので、公にすることによって意思決定の中立性が損なわれ、不当に国民の間に混乱を生じさせることは想定できないため、利用制限はかからない。

なお、特定秘密保護法は国の安全保障（国の存立に関わる外部からの侵略等に対して国家および国民の安全を保障すること）に関する情報のうち特に秘匿することが必要であるものについて、行政機関の長が特定秘密の指定を行うことにより、公にしないことを認めるが、指定を解除し、または指定の有効期間が満了したものを記録する行政文書のうち、保存期間が満了したものは、歴史公文書等として国立公文書館等に移管する対象となる。

不開示情報が含まれる行政文書については、不開示部分を容易に区分して除くことができるときは、それを除いた部分が公開対象となり得る（行政機関情報公開法六条）。残余部分に有意の情報が記録されていない場合は例外とされるが（同条但書）、残余部分が一体的な情報である必要はなく、行政機関が、開示に値する情報であるか否かを適宜決定する権限を有するなどということは想定されていない（最高裁平成一九年四月一七日判決判時一九七一号一〇九頁の藤田宙靖裁判官補足意見）。なお、「容易に区分」できないことが、いわゆる大量請求の場合の拒否理由としうるかという問題がある。

情報公開制度においては、公開請求に対して拒否処分または部分開示決定が行われた場合に、訴訟提起が認められるとともに、審査請求をすることが認められるが、その際、独立した第三者機関である情報公開審査会に諮問することが通常である。情報公開審査会においては、当事者に開示することなく、請求対象の文書の提示を求めて審査すること（インカメラ審理）が認められているが（情報公開・個人情報保護審査会設置法九条一項）、情報公開訴訟における裁判所には認められていない（最高裁平成二一年一月一五日判決民集六三巻一号四六頁）。

個人情報保護制度

個人情報保護は、他から干渉されないプライバシー権の保護として議論され、その後、自己情報の収集・利用制限、閲覧・訂正請求を含む自己情報コントロール権を保護する制度として、収集の規制、目的明確化、安全保護、公開、参加、責任の諸原則を内容とする一九八〇年のＯＥＣＤガイドラインに沿って、世界的に整備が進んだ。わが国においては、一九八四年の春日市を皮切りに自治体における整備が先行し、国レベルでは、二〇〇三年に個人情報保護法と行政機関個人情報保護法が成立した。

個人情報保護制度において、個人情報とは、「生存する個人に関する情報であって、当該情報に含まれる氏名、生年月日その他の記述等により特定の個人を識別することができるもの」をいい、他の情報と照合することにより、特定の個人を識別可能となる場合を含む（行政機関個人情報保護法二条二項）。しかし、個人に関する情報であっても、評価が含まれる場合には、本人に開示することが認められない場合がある（小学校児童指導要録につき、最高裁平成一五年一一月一一日判決判時一八四六号三頁）。また、個人情報を記載した文書を所持する行政機関に訂正の権限がないとして、訂正請求が認められない場合もある（最高裁平成一八年三月一〇日判決判時一九三二号七一頁）。

自己情報コントロール権の問題としては、第三者が個人情報の記載された行政文書を閲覧することをどのように規制できるかという問題がある。制度上認められている場合として、住民基本台帳法一二条の三に基づく弁護士等の特定事務委任者による住民票の写しの交付請求がある。

個人情報保護が国際的なレベルで問題となり、保護のレベルを国際的に共通化していくことが課題となっていること等を踏まえて、統一的な個人情報保護機関として個人情報保護委員会が二〇一五年の個人情報保護法改正において新設されている。

三　アーカイブズ法の課題

以上でみてきたように、公文書の管理と保存に関する法制度は、公文書のライフサイクルを規律する公文書管理法を基本法として、情報公開制度と個人情報保護制度が補完する法体系であるが、それをアーカイブズ法として捉えた場合の課題を考えてみよう。

アーカイブズ法の理念

まず、集められた資料としてのアーカイブズが果たす役割を考えてみると、公文書管理法一条が規定するように、現在および将来の国民に対する説明責任の手段であるが、客観的な検証可能性を担保することが重要な目的といえる。このことは、公文書管理法四条にみられるように、行政（作用）の証拠としての公文書を作成することから始まることであるが、作成された公文書が適正に保管されるとともに、検証が不可能にならないように廃棄にあたって統制を受け、歴史的に検証されるべき可能性のある公文書は公文書館に移管され保存されるまでの公文書のライフサイクルを通じて当てはまる。

二〇二〇年から日本を含む全世界を揺るがすことになった新型コロナウィルス感染症によるパンデミックを例に考えてみよう。政府は、二〇二〇年三月一〇日に閣議了解として、新型コロナ感染症にかかる事態を公文書の管理に関するガイドライン第3の「歴史的緊急事態」に該当するとしたが（内閣府公文書管理担当大臣による決定）、具体的にどの会議がガイドラインに則して記録を作成すべき会議であるかの決定は裁量的に行われている。その結果、現在だけでなく後世において、世界史的事件といえる新型コロナ感染症にかかるわが国の対応を客観的に検証することが困難になるおそれがある。

行政決定の単なる正当化にとどまらない客観的な検証を可能にするように、公文書を作成し保管し保存することは、行政決定の利害関係者の権利利益を保護するために重要であるだけでなく、内部統制を含む行政過程のガバナンスを確保するための重要な手段であり、アーカイブズ法の基本的な法理念である。その場合、客観性を担保するためには、公文書のライフサイクル全体を通じて、（政策）決定の責任者ではない第三者による統制可能性が確保されていることが重要であるが、公文書管理法では現用文書に関する監督は内閣総理大臣に委ねられており、国立公文書館が主体的に関与することが予定されていない。また、現用文書の管理だけでなく、非現用文書の公文書館への移管に際しての評価選別（廃棄）基準が明確に規定されていないことが多いことも、客観性の担保という観点から見て問題である（第四講・第五講参照）。

アーカイブズの担い手

以上のアーカイブズ法の理念から、アーカイブズの担い手という観点に関する課題も浮かびあがる。公文書館法においては、歴史資料として重要な公文書等についての調査研究を行う専門職員を置くことが定められているが（四条二項）、この専門職員と公文書管理の法的仕組みとの関連付けは行われていない。また、この専門職員の資格に関する法的な整備もまだ行われていない。この点に関しては、国立公文書館が令和三年度から始めた認証アーキビストの制度が注目される（第一講参照）。しかし、認証アーキビストの役割は、基本的に非現用文書の移管受け入れ以降が想定されていて、レコードマネジャーとしてレコードスケジュールの設定（公文書の保存期間の設定と期間満了時の廃棄または移管）に関与することについては、職務基準書に規定されるにとどまり、実際に現用文書の管理に関わることが予定されているとは言いがたい。

公的部門で公文書の管理・保存に携わる者は、これまで、幹部が定期異動する一般職公務員（ジェネラリスト）で占められる一方で、実動部隊は、事実上の専門職としての非正規職員として採用される例が多く、女性比率が高いというジェンダー・バイアスも指摘されている。アーカイブズ法の重要性に鑑みると、専門職の確立とともに、一般職（ジェネラリスト）を含むアーカイブズの担い手の専門性をどのように確保するかが課題である。

以上の議論は、本書の随処で指摘するように（第一講、第四講、第六講）、施設としてのアーカイブズ（公文書館）が地方公共団体において十分に整備されていないという問題とも関連している。公文書館が整備されることは、災害に対する脆弱性への対応を考慮する必要があるものの、アーカイブズ法の理念に沿った公文書の集中管理、アクセス（利便性）の向上の観点から重要な課題である。

また、公文書管理法は公文書の管理と保存に関する基本法であるが、アーカイブズは公文書だけでなく、企業や私人においても存在し、私文書を公的アーカイブズにおいて保存することも重要な課題となり得る（第四講）。アーカイブズ法がこのようなアーカイブズもカバーするならば、国民に対する説明責任の客観的な検証可能性の確保にとどまらず、企業（私人）の社会的責任・文化的意義と企業（私人）利益の調整も課題となろう（第七講参照）。

本講は、JSPS KAKENHI Grant Number 20K01421 の成果である。

第三講　公文書管理制度の形成

大阪大学大学院高等司法研究科
三阪　佳弘

はじめに――歴史研究と日本の近代における公文書管理

「意思決定プロセス」保存の意味

国等に保存されている記録史料を利用する立場から、近代から現代にいたる公文書管理法制のあり方を論じた瀬畑源は、その著書（瀬畑　二〇一一）を、沖縄返還交渉での有事の際の核持ち込みに関する「密約」文書のエピソードから説き起こしている。当時の佐藤栄作首相とニクソンアメリカ大統領との間で交わされた「密約」文書のうち、日本側では首相官邸に保管するものとされていた一通が、佐藤栄作の自宅の書斎から発見されたという事件である（同上　七～一〇頁）。瀬畑は「政治家や官僚の個人文書のなかにしばしば重要な公文書が紛れ込んでいることは、政治史研究の世界では半ば常識化している事実である」とし、日本政治史研究者伊藤隆の「国立公文書館に保管されている資料の多くは決裁文書であり、政策プロセスを追うためには個人文書の分析の方が役に立つ」という言葉を引いている（同上 一六頁）。

筆者は近代日本の法制史研究を専門としているが、この点についてまったく同感である。歴史研究の立場から瀬畑の指摘する問題は、実は日本の公文書管理保存のあり方に関わる。筆者の個人的な経験から、この点をもう少し敷衍しておこう。

法制史研究において、ある立法の研究を行う場合、当然ながらそれに関わる立法資料を渉猟しなければならない。大日本帝国憲法（以下「明治憲法」）のもとでは議員による法案提出も活発であったが、成立する多くの法律は政府提出によるものである。その制定のプロセスは、概ね以下のようなものである。

まず、当該法律案を所管する省において省議として原案が作成され、省内での審査、関係する各省間での調整、閣議での決定、天皇への上奏裁可を経て、帝国議会に提出され、衆議院と貴族院での審議可決を経、天皇の上奏裁可を経て法律として成立公布される。憲法の条項あるいは同附属の重要な法律に関する法律案である場合、議会提出前に枢密院の審査を経ることとなる。

この過程は、国立公文書館が所蔵する『公文類聚』（後述）を検索し、当該法律の一件書類を参照すれば、内閣を軸にしたそれぞれの手続きにおける「決裁」を知ることができる。しかしながら前述した通り、それだけでは、当該法律案がどのような意図で、どのような政策を実現するために、どのような意見対立と調整を経て決定されたのかがわからない場合が大半である。

たとえば、一九二七・二八（昭和二・三）年に検討された裁判所構成法という法律の改正案を例に取ってみよう（三阪 二〇一四、二八三頁以下）。同法案は、枢密院の段階で廃案となったために、立法過程に関する資料を見いだすことはさらに難しい。同法案は、裁判所構成法のなかに規定されていた検事局の規定を検察庁法という別個の法律に分離すること、大審院の権限を拡張することなど、行政権に対する司法権の独立を強める方向を示すものであり、成立すればかなり影響の大きい改正法案であった。ところがこうした改正案がどのような経緯で所管の司法省のなかで省議としてまとまったのかを示す文書は見いだせない。

同法案の発端を、二次資料である当時の新聞記事を手がかりに探っていくと、この法案については、当時有力法曹であった原嘉道が田中義一内閣に司法大臣として入閣する際の抱負として裁判所構成法の改正を語り、就任直後に省議として固まったということ、そして同法案作成のために、司法大臣、司法省局長ら、各裁判所・検事局の主要な役職者、法制局長官・参事官、貴族院・衆議院議員らからなる裁判所構成法改正委員会が設けられた、との報道が確認される。ここから『公文類聚』を検索するとようやく裁判所構成法改正委員会設置の件を見つけ、同委員会設置の決裁と委員名を確認することができる。そして同委員会の主要委員であった政治家・官僚の名前を手がかりとして、さまざまな機関（国立国会図書館の憲政資料室など）に保存されている個人文書を渉猟することとなる。その結果、同法案の場合、貴族院議員で当時の有力弁護士でもあった花井卓蔵、司法省出身の官僚として当時枢密院副議長であった平沼騏一郎、司法省民事局長池田寅二郎などの個人所蔵文書のなかに、同法案の意思決定プロセスに関わる公文書として扱うはずの文書群を発見するに至る。こうしてようやく同法改正の立案過程を研究するスタート地点に立つことができる。

現在そして将来において政策決定の検証を奪いかねない公文書管理

くだくだしい説明になったが、結局、法令の制定改廃を通じて行われる政策決定について、『公文類聚』には、最後の「決裁」に関する文書のみが残り、そこにいたる意思決定過程に関わる文書が残されていないのである。こうした状況は、第一に、政策に関わる意思決定過程において作成される文書を、「政治家・官僚たち自身のもの」だと考え、自らが施策を行ううえで不可欠だろうとする記録・先例を、かれらが必要だと考える限りにおいて保存したとしても、国民の知る権利、国民に対して説明責任を果たすために保存されるべきとは考えなかったことを意味する。このことと表裏の関係にあるが、第二に、自らの必要な限りにおいて保存するということは、現用文書と非現用文書の区別がなく、必要と感じれば保存するし、必要がなくなれば廃棄するということを意味する。上記の例でいえば、司法省における省議決定段階のレベルでなぜ改正法律案が提案され、原案作成段階でどのような調整が行われたのかについて史料は沈黙している。おそらく司法省内には法律改正に関わってかれらが必要だと考える記録がまとめられていたと推察されるが、必要がなくなったと考えたある段階で廃棄された可能性は高い。

いずれにしても、このような公文書管理は、後世の人びとによる当該政策についての歴史的な検証の機会を奪ってしまう。と同時に、現在進行形の政策決定について情報公開を通じた検証の機会をも奪うことにもなる。こうした問題は、戦前の文書の管理保存にのみ生じるのではない。二〇〇九年の公文書等の管理に関する法律（以下「公文書管理法」）制定時においても大きな論点となった。次の節ではこの点を見ておこう。

一　現代日本における情報公開法と公文書管理法

情報公開法の制定とその問題点

日本では、一九九〇年代後半から、情報公開制度の整備が進められ、一九九九（平成一一）年に行政機関の保有する情報の公開に関する法律（以下「情報公開法」）が制定された。その第一条で次のように法の理念が書き込まれた。

第一条　この法律は、国民主権の理念にのっとり、行政文書の開示を請求する権利につき定めること等により、行政機関の保有する情報の一層の公開を図り、もって政府の有するその諸活動を国民に説明する責務が全うされるようにするとともに、国民の的確な理解と批判の下にある公正で民主的な行政の推進に資することを目的とする。

同法で問題となるのは、「政府」が主体として「その諸活動を国民に説明する責務」が書かれてはいるが、国民が主体として行政の諸活動の内実を「知る権利」は明記されていないことである（新藤二〇一九、九一頁）。ここには、政府が保有する文書をどこまで開示するかどうかは、政府・官僚の裁量的判断に委ねられかねないという問題が潜在している。本講の「はじめに」で述べたように、明治憲法の下で政治家や官僚たちが「天皇の官吏」として、公文書は「自分たちのもの」と考えていたこと、そして、日本国憲法のもとでさえも、相変わらず政治家や官僚は、「公文書は国民のものである」として国民のために文書を残すことや公開するという発想を成熟させてこなかった、という問題が存在している（瀬畑二〇一一、四八頁）。

では、開示対象となる「行政文書」とは何か。情報公開法第二条第二項は「行政機関の職員が職務上作成し、又は取得した文書、図画及び電磁的記録（中略）であって、当該行政機関の職員が組織的に用いるものとして、当該行政機関が保有しているもの（例外となるものについては引用省略）」とする。同法の立案検討の初期の段階では、公開の対象を「決裁・供覧手続き終了済み」の文書に限定されていた。これでは、本講の「はじめに」で述べたように「決裁」文書という狭い範囲に限られ、肝心の政策に関する意思形成過程に関わる文書が公開対象から一律排除されることになりかねない。そこで上記条文のような公文書の定義が用いられることとなった。

この点について行政改革委員会「情報公開法要綱案の考え方」は「作成又は取得に関与した職員個人の段階のものではなく、組織としての共用文書の実質を備えた状態、すなわち、当該行政機関の組織において業務上必要なものとして利用・保存されている状態のもの」となった文書を「組織共用文書」とし、公開の対象となりうることとした。こうした意思形成過程情報については、同法第五条五号において開示不開示の実質的判断がなされることとなる（高橋他編 二〇一一、二二六・三四二頁）。しかし「職員個人の段階」と「組織としての共用文書の実質を備えたもの」の境界は曖昧であり、「職員個人の段階」に傾斜した判断がなされれば、意思決定過程文書情報の開示は限定され、「決裁・供覧手続き終了済み」文書に限られる、といったように開示の判断が政府・官僚の裁量的判断に委ねられてしまいかねない。ここにも先と同じ問題が潜んでいる（新藤 二〇一九、九五〜九九頁）。

公文書管理法の制定と課題

実施された情報公開法にこのような問題があるとするならば、公開の前提となる公文書には、行政機関の意思決定過程や事務事業執行を合理的に跡づけ、適正に行われたかどうかを国民が判断するに足りる「質」が担保されていなければならない。消えた年金記録問題、防衛省装備審査会議事録不作成問題、C型肝炎資料の放置問題などの二〇〇〇年代の公文書管理の不祥事を受けて、情報公開法に遅れること一〇年、二〇〇九（平成二一）年に公文書管理法が制定された。同法は、次の三点において重要である。

第一に、公文書等を、「健全な民主主義の根幹を支える国民共有の知的資源として」位置づけ、「主権者である国民が主体的に利用」できるようにするために、行政文書等の適正な管理、適切な保存、公開と利用の促進を目的としたことである。これにより、公文書は「国民のものである」ことが明確とされた。第二に、国の諸機関がそれぞれの裁量によって公文書の管理保存を行うのではなく、政府全体の統一基準を定めたことである。第三に、この政府統一基準に従って文書の作成・保存がなされ、一定の保存期間が経過すれば「非現用文書」とし、廃棄もしくは「国立公文書館」への移管を行う、というレコードスケジュールを設定し、歴史公文書等としての保存と利用を促進することとした。

ただし、ここにも依然として課題が残されている。

一つは、先に述べた情報公開法と同様に、公文書の範囲を「組織共用文書」として狭く捉える問題が残っている。「組織共用文書」について、「職員個人の段階」と「組織としての共用文書の実質を備えたもの」との境界が曖昧であり、その設定が政府・官僚の裁量に委ねられる限り、当該政策の意思決定過程で作られた数々のメモランダムや討議資料は「組織共用文書」ではないからという理由で、保存期間の縛りを受けないまま事案の終了とともに、現用文書として保存(「私蔵」)され続けるか、あるいは不要と判断されて廃棄されていくことになりかねない(新藤 二〇一九、一〇九頁)。また、レコードスケジュールに従って、保存期間を経過した公文書を、廃棄するか国立公文書館に移管するかの判断もまた、政府・官僚組織の裁量に委ねるかどうかによって、廃棄の判断が恣意的になされる危険性も残る(同上 一二〇・一二一頁)。

このようにして見ると、確かに、公文書管理法は、本講の「はじめに」で記したような戦前の公文書管理保存が「決裁」文書に傾斜し、政策に関わる意思決定過程に関わる文書が、保存期間の定めがないまま恣意的に「現用文書」のまま「私蔵」（新藤 二〇一九、一〇九頁は「死蔵」でもあるとする）ないしは廃棄されていた問題をようやく打開する契機をもたらした。しかしながら、上記の課題を見る限り、戦前の問題を克服できるかどうかはまだまだ心許ないという評価（瀬畑 二〇一一、一八四〜一八六頁）も、あながち否定できないのである。

なぜ現代日本においてもこの問題が残り続けるのか。この点を考える素材として、以下では、公文書管理法制を支える制度理念の展開を、近代においてもっとも早く打ち出したフランス、それとの対比で、日本における公文書管理保存制度の展開を省みることとしよう。

二　公文書管理法制の理念の源流——フランス革命時の理念とその展開

近代的公文書管理の起源

現在の公文書管理法制の理念、国の公文書管理機関による公文書等の集中的管理と統制、文書を作成し、保存期間を定め、その期間の経過後、廃棄もしくは文書館に移管するというレコードスケジュールを設定し、公文書館を通じて一般市民への自由な公開へと導くといった考え方は、歴史的には、一七八九年のフランス革命期の一連の法制に遡ることができる。以下フランスの展開については、Coeuré et Duclert, 2011 および Hildesheimer, 2000 に依拠していることをお断りしておく。

革命に先立つアンシャン・レジーム下のフランスにおいても、古くは一三世紀に「詔書や勅許状を書類箱に整理し、安全にかつ必要なときに必要なものを取り出せるようにする。すなわちそれらを安全にかつ迅速に見つけ出すことが出来るためのすべてのことを行う」という、いわば王国の文書管理にあたる役職を設けたことが知られている。そして、後の公文書管理の理念との関連でいえば、一七世紀から一八世紀絶対王政下のもとで、国家諸組織が展開するとともに、次第に現用文書（行政文書）と非現用文書（歴史文書）とを区別し、後者については、王国の文書館に集権的かつ集中的に管理するという考え方が生まれていった。同時に国王の官吏たちが、役職に就いた期間に作成した文書群を私的所有物として扱っていた慣行が次第に是正され、その死後はそれらの文書は国家に帰属するという規範も生み出された。こうして、限定的ではあるが、文書を公的（publique）なものと考える観念が形成されていったとされる。

文書の保存の目的には、それぞれが設けられた権限（言いかえれば身分制社会における特権）の由来・正当性を担保するためであったことはもちろんであるが、そこには良き行政と権限の行使（bonne marche de l'administration et du pouvoir）を担保することも考慮された。しかしながら、フランス革命以前には公的な文書館を形成するには至らず、約五七〇〇か所に及ぶ文書の保管場所が乱立し、文書を公的なものとして統一的に管理保存するという施策は実現されなかったとされる（Coeuré et Duclert, 2011、一一・一二頁）。

こうした状況を変えたのが、フランス革命である（Coeuré et Duclert, 2011、一三〜一五頁）。一七八九年七月二九日、議会は「議会の働きと関連するすべての原本文書の保管庫として確実な場所を選択」することを宣言し、「国民議会の文書職」を設けた。一七九〇年九月七＝一二日「国立公文書館に関するデクレ」（デクレは、王政下では国王の、共和政下では大統領の命令を指す）は、国立公文書館（Archives nationales）を創設し、次のように定めた。

国立公文書館の誕生とその理念

まず、国立公文書館は、国の憲法、法律の制定などに関わる「すべての記録の保管庫である」とし（第一条）、それらの「記録はすべて単一の保管庫に集め」られ、その保管に責任を負う職として「国の公文書職 la garde de l'archiviste national」を設けた（第二条）。同公文書職の任期は六年とされ、議会により選出されるものとし（第三条）、議会自身も会期毎に二名の委員を任命し、国立公文書館における保存記録の状態を議会に報告するものとされた（第四条）。国の公文書職の下に、公文書職が任命する四名の職員が置かれ、かれらが、公文書の登録、分類、目録作成、議会もしくは委員会が請求する記録の謄写を行うものとされた（第六条）。そして、週に三日、一般公衆からの請求に応じて、公文書館は公開された（第一一条）。第一三条では、「国の公文書職は、さまざまな部局や委員会が廃されたり、それらの書類が不要になったときには、それに応じて当該部局の業務に関する書類が公文書館に移管されるように注意しなければならない」とした。

このデクレは、国民議会のもとに置かれる公文書館の組織に関する共和暦二年メシドール七日

（一七九四年六月二五日）法にも継承され、九〇年デクレで示された目的を継承しながら、より詳細な規定が設けられた。第一条で「国民議会のもとに設けられる公文書館は、共和国の中央文書保管庫である」とされ、第二条で、三部会、国民議会および諸委員会の業務に関する文書をはじめとして、保存されるべき文書が詳細に規定されるとともに、公文書館に保管を命じる権限は立法府にのみ属することが規定された。第三条では、公文書館に関する委員会は公文書業務を監督し、すべての文書保管庫は、この委員会の監督の下に置かれるものとされた。第三七条で市民はあらかじめ定められた方法で、これらの記録にアクセスすることが認められた。

このような一七九〇年デクレと共和暦二年法は、その後フランスの公文書に関係する組織をほぼ二世紀にわたって規律することになったが（一九七九年一月三日文書保存法第三三条で廃止。大山一九八二、九七頁）、現在に至る公文書管理法制に不可欠な原理を示すこととなった。

第一にその集権化の原理である。全国統一の法制度のもと、すべての公文書館が集権的に管理され、全国的な文書館網が構想・創設された。一七九六年、一八〇〇年には、県レベルにも公文書館が設置され、「共和国に関して得られたすべての証書・書類」は県庁所在地に設けられた県の公文書館に集積されることとなった。ここに革命後の地方行政体と議会によって作成された文書、教会・修道院・領主・亡命貴族から没収された文書、アンシャン・レジーム下の行政・司法機関の文書などが集められ、国立公文書館の統轄下に置かれた（Coeuré et Duclert, 2011、一五頁）。大山礼子は、こうした国立公文書館への強制的な移管を定めた点の意義も指摘している（大山一九八二、九〇頁）。

第二に、公開原理である。すなわち、一七九〇年デクレは、「絶対主義の密室性に対して、民主主義の透明性を対置させる」（Coeuré et Duclert, 2011、一四頁）として、第一一条に週三日一般に公開することを規定した。公文書に対する自由なアクセスは、市民が国家に対して自らの権利を明らかにするために不可欠のものとされ、それにアクセスすること自体が市民の権利とされたのである。

こうした国立公文書館の設置は、たとえ「ささやかな役務で貧弱な保管庫」であったとしても、非現用・現用文書の集権的管理保存という点で決定的な前進となった（同上 一三頁）。一連の法律は、廃止された諸機関（領主裁判所、地方行政体、修道会、司法団体、職能団体）文書を国の文書館で直ちに管理させることとした。亡命貴族、革命裁判所の有罪者に関する文書、教会財産の国有化に関する文書、一七九一年一月一七日以後の国有財産の放棄に関わる原本、九二年八月一〇日以後の公文書は、共和暦二年法によって定められた文書保管庫に入れられることになった。

公文書管理法制のその後の展開——政治による無関心

しかしながら、一九世紀に入ると、こうした革命時の公文書管理保存の理念の提示にもかかわらず、これらの公文書法制の実践については、たえざる政治側の無関心が続き、文書の移管については各行政省庁の抵抗が強かった。

第一帝政期（一八〇四～一五）には、国立公文書館は、議会の下から、内務省所管とされ（時代によって所管省は変遷）、その政治的な面での衰退を余儀なくされた。一八〇〇年の執政命令で、新たな法律を定め、共和国を構成するすべての機関が、国立公文書館に対して文書の保管形態と保存期間について報告を行わなければならない、と定めたが、結局そのような法律は制定されず、同館は「部局で行われている業務に不要となった文書の保管庫」とならざるを得なくなったのである（Coeuré et Duclert, 2011、一五・一六頁）。

王政復古以後第二帝政に至る時期（一八一五～七〇年）においては、一八二一年に古文書学校が設立され、一八三〇年代から歴史的ないし現用の文書群を管理することのできるアーキビスト養成の基盤が構築された。しかし、依然として、文書を保持している各省庁からの文書の移管は、かれらの「善意」に委ねられたままであり、またその公開についても、文書作成日から五〇年とされていたにもかかわらず、各省庁で文書を保管している担当者の裁量に委ねられたままであった。また、第二帝政期の一八五五年に「一定の調査によって有用と判断されたものであれば、すべての公的な文書」を帝国文書館に移管することが定められたが、この時期の改革を実現するには人的な体制も乏しく（一八七一年段階で国立公文書館には、専門のアーキビストは三一名でしかなかった）、第二帝政崩壊後のパリコミューンなどの混乱によって、同時期の多くの貴重な文書群が焼失したとされる（Coeuré et Duclert, 2011、一七～一九頁）。

第三共和政（一八七一～一九四〇年）に入ると、共和暦二年法以来の、現用文書から一定の文書を適切に非現用文書として現実の行政現場から切り離し、国立公文書館に移管するという原理が、一九世紀中に繰り返し法令で求められたにもかかわらず、実現されなかったことが改めて確認された（以下はHildesheimer, 2000、三七四〜三七五頁による）。そのうえで、県レベルの文書局を公教育省の管轄に移し（一八八四年）、一八九七年に、フランス公文書館局（Direction des Archives de France）を設立し、国内すべての文書館を統轄し、これにより共和暦二年法に記されていた集中的かつ統一的な管理・保存体制を再構築しようとした。同局を設置した一八九七年二月二三日のデクレは、上記の原理を実効あるものとするために、その第七条において、各行政体がその保有文書を国立公文書館へ移管する際の条件を規定する法令の制定を予定することとしていたが、結局これもまたすぐには制定されることがなく、不十分なものに終わった。

国立公文書館への移管・保存に関する法令の実効ある実施が遅々として進まない状況に終止符を打とうとしたのが、一九三六年七月二一日のデクレ（すべての省とそれに属する行政体の文書を国家の文書保管庫に移管することに関するデクレ）である。同デクレは、非現用文書の移管問題について、将来的な解決をもたらすことを企図して制定された。その内容は三つの柱からなるとされる。第一に、行政体に対して、原則として、定期的に非現用と判断された文書を移送することを、罰則をもって義務づけた。第二に、文書を無断で破棄させないように、公文書館局による検印を義務づけた。第三に、各行政体における文書管理状況について、同局が定期的な検査を実施することを定めた。これらにより、各行政体が生み出す現用文書について、一定の保存期間の経過後、文書を移管させることについて、統一的に規制されることとなり、それらの公文書の管理・保存・移管に携わるアーキビストの役割が明確にされた。ようやくにして革命時の共和暦二年法の理念と公文書管理保存の実務との間の乖離を埋め、公文書館局と国立公文書館による公文書管理保存統制の確立に向けて大きな一歩を踏み出すことになった（Hildesheimer, 2000、三七五〜三七七頁）。しかしながら、それでもなお、同デクレはその運用過程において限界を破ることはできず、その約三〇年後の公文書館局の報告書で次のように総括されている（Hildesheimer, 2000、三八二頁）。

「省と行政体等の公文書の問題は一九三六年七月二一日デクレの対象であった。このデクレは、長い間のアナーキーな状態に立ち向かおうとした……『省庁と行政体の書類を国家の公文書保管庫に移管すること』を規律し、フランスの公文書館に、一九世紀、二〇世紀の国の歴史を追跡できるようにするために重要な文書を保護することを最大限効果的に行わせるよう、その規制権限を大きくしたのである。このデクレが、国立公文書館と各行政体との間の協働に道を開いたことは賞賛に値するが、しかしながら、現用期間中の文書の管理について、当該行政体の中でどのように措置すべきかについては沈黙している。さらにその実施は第二次世界大戦によって満足な結果を得られなかった」

革命時に公文書管理保存と公開の理念をうたったにもかかわらず、上述のようにその実現は、フランスにおいても困難であった。そして一九七九年一月三日の文書保存法（大山 一九七九）、さらには二〇〇八年七月一八日の法律の制定へつながっていく（上述の歴史をふまえた現在のフランスにおける公文書館局の各省に対する強力なコントロールとその担い手である公文書管理の専門官については牧原二〇〇七を参照）。このプロセスにおいて興味深いのは、二〇〇八年法制定に向けて、情報公開との関係で改めて公文書の管理保存、そして公開のあり方が論じられている点であり、日本の情報公開法と公文書管理法との関係を想起させる（Coeuré et Duclert, 2011、三二頁）。

三　近現代日本における公文書管理保存制度の展開

明治維新政府による文書管理

前節において、フランスの公文書管理保存制度の展開を追ったが、政府諸機関が、現用・非現用文書として管理している文書を、一定の保存期間の経過後、国立公文書館に移管するということが、各省庁の消極姿勢ないしは抵抗によって遅々として進まなかったことを述べた。明治維新後の日本において、確かに政策決定に関わる文書の保存について熱心であったことは否定できないが、そこに、フランス革命時のような公文書管理保存の理念が政府内に共有されていたわけではない。その点では、政府諸機関においては、原則なき恣意的な裁量に基づく文書の「私蔵」ないし「死蔵」、あるいは廃棄が行われやすかったことが推測される。

さて、日本の現在の公文書管理保存法制の淵源をたどると、近代的な行政機構が成立した明治維新期に遡ることができよう。同法制の展開については、渡邉佳子、中野目徹、瀬畑源らによる詳細な先行研究がある（渡邉 一九九六、瀬畑 二〇一一、中野目 二〇一五、渡邉 二〇一五）。本節ではこれらに依拠しながら、本講第一節で述べたような、政策に関する意思決定過程の文書が限定的にしか保存されなかったという問題の淵源を概観していくこととしたい。

明治維新後の政府の対応は、維新の大変革の偉業を後世に伝えるという目的で、維新直後から、戊辰から維新に至る歴史的な記録の収集と編纂に積極的に取り組んだとされる。ただし、新政府のさまざまな政策に関わる意思決定について、文書処理の面からの規律は、早くは一八六八（明治元）年九月に、「奏状」「詔制」「審断」の三牒にわけて記録編纂を開始した時点に求められるが、それが本格化するのは、一八七一年の廃藩置県以降のこととなる（渡邉 二〇一五、一二九頁、中野目 二〇一五、四四～四五頁）。

一八七一（明治四）年に中央政府組織として太政官制度が確立すると、立法・行政・司法の三権の事務を統轄する太政官正院の事務処理が定められ、記録課（当初は記録局）が設けられることとなった。この記録課に対して、太政官制度の下で決定・施行された事項に関わる文書が送付され、記録課で「謄写編輯」されることとなった。一八七三（明治六）年の「記録課章程並編纂処務順序」によれば、記録課の目的は、行政を行う場合の重要な先例や規則のよりどころとして信頼できる基準となる文書を編纂し、それらを保存することとされた（渡邉 二〇一五、一三一頁）。革命前のフランスにおいて良き行政と権限の行使を担保するために記録を保存するという事と相通じるものを見ることができる。

この記録課においては、「太政官日記及日誌、諸公文ヨリ典例条規ヲ採リ、部門ヲ分ツテ類纂」した『太政類典』と、「各庁ノ申牒、奏請及垂問、照議、往復等ノ文書ヲ蒐録」し編年別に編んだ『公文録』が本格的に編纂され、太政官の諸活動に関わる文書の記録作成が行われた。『太政類典』については、その編纂の困難さから一八八一（明治一四）年に編纂を終えることになる。その後も編纂された『公文録』について、当時記録の専門家として記録課でその業務を担当した小野正弘は「官省院使庁府県ヨリ吏員ニ至ル迄一切ノ申稟《しんりん》、請求若《も》しクハ勘査、構案等苟《いやしく》モ太政官ニ於テ授受シタル公文ハ悉《ことごと》ク皆之ヲ収録セザル無ク……之ヲ政府記録ノ基礎ト称スルモ可ナラン」と述べている。ここには、記録課とその担い手の意識のなかに、すべての政策の意思決定に関して作成され施行された文書の記録編纂に関与することを通じて、適切な文書保存を行っている、という強い自負を見ることができる（中野目 二〇一五、四五～四七頁）。

その一方で、記録課については、事務分掌規程や処務規程が精緻化していくのに対して、担い手としての書記官を専任として置くことが少なくなり、他職との兼任が一般的となり、この時期から組織の実態としては空洞化していくこともまた指摘されている（渡邉 一九九六、一七〇頁）。その背景には、次第に拡大複雑化する行政のなかで、文書の数が増大し、政策の意思決定文書をすべて謄写し保存することの限界も生まれるとともに、法令が整備され、先例として意味のあった記録史料の編纂物にそれほどの実用的価値も認められなくなった状況も指摘されている（渡邉 二〇一五、一三二頁）。

内閣制度のもとでの公文書管理―「非」統一的管理の誕生

一八八五（明治一八）年一二月に内閣制度が創設された。実はこの改革の理由の一つとして、文書事務の問題が関わっていた。「内閣改制ノ詔」では、「各省太政官ニ隷属シ上申下行経由繁複ナルノ弊ヲ免レシム」ので「繁文《はんぶん》ヲ省キ以テ淹滞《えんたい》ヲ通シ」ることが必要だとされている。太政官制の下では、太政官の決裁を求めて太政官と各省庁との間の伺・指令に関わる文書が積み重なり、繁多となっている事が批判的に総括されたのである。「各省事務ヲ整理スルノ綱領」（官紀五章）においても「繁文ヲ省ク事」が掲げられた。改善策として、布告する法律に説明書を付すこと、府県庁長官や一局部の庁が明文の法律命令を施行するときは、伺を行う必要が無いことが指示された。また、太政官制の下で、記録課がこうした文書の原文を謄写してそれを編纂して記録として残すという方法についても見直され、謄写が不要と判断される場合には件名の記録のみに止めることとした（以上については中野目 二〇一五、四八頁、瀬畑 二〇一一、一二七頁、渡邉 二〇一五、一三七～一三九頁）。

内閣制度の創設とともに、従来の記録課に代えて内閣記録局が設置された。ここでも「繁文ヲ省ク事」という方針の下、一八八六（明治一九）年一月に「記録改良順序ノ梗概」が定められ、記録局において編纂される公文を定めた。従前の『公文録』『布令便覧』の編纂は廃され、『公文類聚』『公文雑録（後の公文雑纂に該当）』『日記簿』などの編纂を行うこととした。『公文類聚』は、法律規則、その説明書、「法律ノ精神ニ由リ処分施行セシ事件」、『公文雑録』は「例規ニ拠リ施行セシ事件」「臨時挙行セシ実事」、『日記簿』は「官吏進退」「官吏身分ニ関スル雑事」等をそれぞれ含み、前二者については、副本を謄写し部門別に編纂された。以上の各記録は同年一月一九日の「記録編纂仮規則」で詳細に規定されることとなり、以後の内閣期の公文書編纂の方向性を確定した（中野目 二〇一五、四八～四九頁、渡邉 二〇一五、一三七～一三九頁）。

内閣制度創設の翌年、一八八六（明治一九）年二月に各省官制通則が制定された。ここには文書管理にとって重要な内容が規定されていたことに注意しなければならない（渡邉 二〇一五、一四一～一四二頁）。同通則は、各省に総務局と、そのもとに文書課、往復課、報告課、記録課を置き、記録課を省中の「一切ノ公文書類ヲ編纂保存」するものとし、「各局課ノ文書、処分済ノモノハ、之ヲ記録局又ハ記録課ニ送付ス」ると規定した。文書の作成から処分済み文書の処理までを、全省庁を通じて初めて統一的に規定した点で意義深い。

ところが、一八九〇年の同通則の全部改正により、これらの公文書類の取り扱いを定めた規定がすべて削除された。その背景には「総務局」の存置をめぐる意見対立があったことが指摘されているが、結局このことにより、そこに含まれていた文書管理に関わる規定そのものについて議論されないまま、各省の文書管理に関わる統一的な規定が失われてしまった（渡邉 二〇一五、一四三～

一四六頁、瀬畑 二〇一一、一二八頁)。本講の「はじめに」で述べた裁判所構成法改正法案の省レベルでの文書記録が見つからない、ということもこうした歴史的経過に起因する。

結局これ以降、八六年各省官制通則にあった記録課の設置と公文書類の保存に関する法的根拠は失われ、そのような組織を置くかどうか、管理保存を行っていくことは、各省庁の裁量に委ねられることとなった。内閣においてすら内閣記録局は一八九三(明治二六)年に内閣書記官局記録課となり、一九四二(昭和一七)年には内閣官房総務課に吸収され「記録課」という組織の名称はついに消滅する。他の省庁においても「記録課」的組織は縮小されていくこととなった(渡邉 二〇一五、一四七頁)。

公文書の「非」統一的管理、「私蔵」そして「死蔵」からの脱却

瀬畑源は、内閣制度創設以後急激に公文書の残存状態が悪化し、残ったとしても、法令の制定を通じて政策の意思決定が行われる過程の最終段階の決裁文書が中心であり、その過程に関わる文書は公文書としてほとんど残っていないことを指摘する(瀬畑 二〇一一、一二九頁)。結局、これ以後、政府諸機関が、原則なき恣意的な裁量に基づき、当該案件に関わる文書を、現用文書のまま「私蔵」もしくは「死蔵」し続けるか、自身の裁量により不要と判断すれば、行き場を失った非現用文書として廃棄することが容易に行われる状態が作り出されたのである。

この問題の解決は、結局日本においては、本講の「はじめに」で述べたように、一九八〇年代以

降の情報公開をめぐる議論と情報公開法の制定、そしてそれに触発された公文書管理法の制定を待たなければならないのである。

もちろんそれまでに、一九七一（昭和四六）年に国立公文書館が設立された。しかしながら、公的機関が保存すべき記録文書を、特定の専門機関に優越的な権限と地位を与えて集中管理させるという法制度は、一九八七（昭和六二）年公文書館法が制定されるまで具体化されることはなかった。同法により、国の主要な公文書館として、国立公文書館が存在することにはなったが、その所蔵文書の大きな柱は、「内閣」関係の公文書であるにすぎない。「内閣」で審議決定された案件については、明治維新以後から現在に至るまで整備保存されてきたが、しかし、これも、国立公文書館が整備され、その所管部局であった総理府（現内閣府）が自ら所蔵してきた文書を移管したということに過ぎないともいえるのである。結局一八九〇（明治二三）年各省官制通則以来変わらず、内閣も含めた各省庁の文書は、統一的な法的ルールの不存在なまま、それぞれに保存され、その管理・保存の態様は、各省庁の裁量に委ねられてきたのである（瀬畑 二〇一一、一八八頁はこれを「各行政機関の分担管理原則」と呼ぶ）。

一九九九（平成一一）年には、国立公文書館法が制定され、内閣府設置法に、公文書館に関する規定が設けられたが、相変わらず、国立公文書館は、現用文書の保存・廃棄、非現用文書の移管に関して、他の省庁に対して格別の権限を有しないものであり続けた。とりわけ、移管に関しては、所管の内閣府の長である総理大臣が、他の省庁の長と同一の立場で、協議して決めるものとされたに過ぎず、各機関の文書の作成・保存の体制について、他の省庁に優越的な権限を有しないものとされたのである。

一九七一年設立の国立公文書館が、実質的に各省庁における公文書管理のあり方を指揮・監督・統制する権限を有していなかったことは、日本における文書管理のあり方に大きな問題を残し続けたといえる。近年、日本の行政の特徴であるとされる稟議制モデルは、実際の意思決定プロセスにおいては貫徹しているわけではないことが強調されることが多い（この問題については、牧原二〇〇七、二四八〜二五三頁に依拠している）。すなわち、実際には、中心的な意思決定主体が参加する会議体において実質的な意思決定が先行するのであり、稟議はその確認のために行われるに過ぎないのである。したがって、事後の稟議（原議→決済）に着目して作成された文書は、必ずしも上記の実質的な意思決定プロセスを反映しているのではない。その結果、実質的な意思決定プロセスの部分については、文書管理法制による制御が及びにくく、たとえ情報公開法による公開が実現したとしても、実質的な意思決定プロセスが文書により明らかにならないことになりやすいのである。つまり戦前戦後を通じて日本の場合、稟議制に即した「意思決定型」文書管理は行われるが、実質的な意思決定に即した「記録保存型」文書管理は行われないということになっている（牧原二〇〇七、二五三頁）。公文書管理法とそのもとでの国立公文書館が対峙するのは、このような文書管理であることも認識しておかなければならない。

おわりに

本講では、フランス革命時における公文書管理保存に関する理念を確認した上で、同法制のフランスと日本の歴史的展開を概観した。フランスの場合、革命時に公文書管理保存の理念を確認したにもかかわらず、それが実効性を持って、管理保存の実務に貫徹するまで、二世紀にわたる格闘を要した。一九八七年に公文書館法が制定され、情報公開制度の充実が焦眉の課題となってから現在まで、約三〇年の間に、情報公開法、さらに公文書管理法の制定に日本はようやくたどり着いた。これを実務として定着させようとしている途上にある二〇一〇年代後半、公文書をめぐるさまざまな不祥事に接したとき、フランスの公文書管理法制の長期にわたる格闘が想起され、公文書管理保存の理念を社会に定着させることに向けて、さらなる努力が求められていると言わざるをえないのである。

本講は、JSPS KAKENHI Grant Number 22330003 の成果の一部である。

第四講　地方公文書館の現状と課題

中京大学法学部
矢切　努

はじめに

近年わが国では、政府・官僚による杜撰な公文書管理の重大な諸問題が次々と発覚した。これら政府・官僚による公文書の隠匿・廃棄・改ざん問題は、日本国憲法が規定する「国民主権」や「民主主義の根幹」を揺るがすだけでなく、官僚制と密接不可分の関係にある「行政の（公）文書主義」の基盤をも揺るがす重大問題である。

「公文書」とは、㈠国民の税金によって作成された国民の共有財産であり、決して政府（政権）や官僚の所有物ではない。それゆえに、㈡行政活動について、主権者である国民に対して適正に説明する責務を果たすための重要な資料であり、また㈢政府・官僚にとっても、自らが行った行政・司法の活動を自らがたどるための資料でもある。

「公文書管理法」（二〇〇九年）第一条は、「公文書等」が「健全な民主主義の根幹を支える国民共有の知的資源」であり、「国民主権の理念」の下、主権者国民が「主体的に利用し得るもの」と規定している。政府・官僚には、現用の行政文書等を適正に管理すると同時に、保存年限が満了して歴史的価値があると判断された歴史公文書等の適切な保存および利用等を図り、国民に対する行政サービスの適正克つ効率的な運用に資するとともに、「国及び独立行政法人等の有するその諸活動」を「現在及び将来の国民に説明する責務」が課されているのである。よって、近年の政府・官僚による杜撰な公文書管理のあり様は、主権者たる国民に対する政府・官僚の背信行為であって、国民の政府・官僚に対する不信にも直結する重大問題である。

　このような重大問題が起こる原因は、日本における「アーカイブズ文化」の不在にある。「アーカイブズ文化」とは、“Tax payers”[1]の意識を基盤として、アーカイブズの意義と重要性を認識し、成立し得る歴史・文化的な土壌のことである。租税を原資とする行政の執行手段である「公文書」を「国民共有の財産」だと考える国民の意識が極めて希薄であること、それが、政府・官僚による杜撰な公文書管理を許した最大の理由であろう。

　こうした公文書管理の諸問題は、従来、「公文書」に関心を示してこなかった国民が適切な公文書管理の必要性と重要性を認識するよい機会にもなった。また近年、アーカイブズの用語も普及してきた。だが、日本ではなおアーカイブズの用語の概念や範疇、対象を十分に定式化し、自覚的に用いることができてはおらず、自家薬籠中のものとすることもできてはいない。

　本来、アーカイブズには、文書館や公文書館および類縁施設が収集・整理・保存の対象とする「記録史料」という意味、そして「記録史料」を収集・整理・保存の対象とする施設としての文書館・公文書館および類縁施設（以下、公文書館と略称）という二つの意味があるが[2]、本講では後者の地方公文書館の現状と課題を考える。

一　地方公文書館等の現状

地方公文書館の設立と経緯――「公文書館法」を中心に――

日本最初の都道府県レベルのアーカイブズは、一九五九（昭和三四）年開館の山口県文書館である。一九六〇年代から七〇年代には、歴史資料保存のための文書館設置運動が展開され、京都府（一九六三年）、東京都（一九六八年）、埼玉県（一九六九年）、福島県（一九七〇年）など、都道府県を中心に公文書館が設立される。こうした地方の動きに遅れ、一九七一（昭和四六）年に国立公文書館が誕生し、一九八七（昭和六二）年に「公文書館法」ができた。

同法は、第二条で「国又は地方公共団体が保管する公文書その他の記録（現用のものを除く）」を「公文書等」と定義し、第三条で「歴史資料として重要な公文書等の保存及び利用に関し、適切な措置を講ずる責務」を国と地方公共団体に課した。そして、第四条で「歴史資料として重要な公文書等を保存し、閲覧に供するとともに、これに関連する調査研究を行うことを目的とする施設」を公文書館と定義し、公文書館に館長、アーキビスト（歴史的公文書等についての調査研究を行う専門職員）その他必要な職員を置くものとした。

一九八九（平成元年）年一月二五日、全国歴史資料保存利用機関連絡協議会（全史料協）が発表した「公文書館法の制定とその意義」では、「公文書館法」の意義が以下の三点で評価されている。

㈠「公文書」の歴史資料としての価値が法律で明記された

㈡国・地方公共団体に対し、歴史資料として重要な公文書等の保存及び利用に関し「適切な措置を講ずる責務」が課された

㈢図書館司書、博物館学芸員のような、専門職員（アーキビスト）の設置が公文書館に義務付けられた

「公文書館法」には、公文書館の権限が明記されず、附則第二項で、地方公文書館に「当分の間」アーキビスト設置免除の特例が設けられるなど不十分な点もあった。だが、国や地方に公文書館等の設置を促す強い効果が期待された。事実、地方公文書館設立の追い風にもなった(3)。

だが、地方公文書館を取り巻く環境は、すぐに転換期を迎える。一九九〇年代後半以降、地方財政は危機に直面する。大都市圏の都府県や都市部が相次ぐ「財政非常事態」宣言を出し、人員削減や事務事業の民間委託等の財政再建計画を次々と打ち出すなど、地方財政は悪化の一途をたどったのである。地方財政悪化に伴い、従来、地方公文書館等の設立の中心を担ってきた府県レベルの公

文書館設置は停滞期を迎え、九〇年代末〜二〇〇〇年代初頭には、市町村レベルでの公文書館設立の動きが生じる。

その他、日銀アーカイブズや大学アーカイブズ、震災アーカイブズなど、従来の主体と異なる組織・地域（国、市町村、諸団体、民間）で公文書館等設立の動きが加速した。こうした動きは、「情報公開法」の公布・施行（一九九九年・二〇〇一年）や「説明責任」（アカウンタビリティ）思想の浸透、アーカイブズの用語の国民レベルでの普及などにより醸成された(4)。

だが日本では、公文書館を設置する地方公共団体はわずか数パーセントにすぎない。都道府県や政令指定都市でも、そのすべてで公文書館が設置されている訳ではない。「公文書館法」に基づく公文書館であればなおさらである。「公文書館法」に基づく公文書館とは、「公文書館法」が規定する公文書館たる条件をもつ公文書館である。地方公共団体が設置した（第五条）「歴史資料として重要な公文書等」の保存・閲覧・調査研究を目的とする施設で、館長やアーキビスト（附則第二項で、当分、置かなくてよいが）その他必要な職員が置かれ（第四条）、かつ（同法公布・施行後の施設では）「条例」で設置根拠が規定された公文書館である(5)。

その他、「公文書館法」の基準を満たさないが、「公文書管理法」が求める「公文書館的機能」（同法の趣旨に則り「保有する文書の適正な管理に関して必要な施策を策定し、及びこれを実施するよう努め」（第三四条）ると考えられる機能）をもつ施設(6)として設置される場合もある。地方では、このような「公文書館的機能」を有する施設も十分に設置されてはいない。

地方公文書館を取り巻く環境

地方財政難を背景に、多くの地方では「行政改革」や「財政健全化」の名の下、予算の削減、行政サービスの整理が行われている。特に、整理の対象となるのは、地域住民の反発を受けにくい文化行政や施設である。

戦後日本では、文化財保護や芸術文化の振興、伝統芸能の保存など、文化行政が全国的に推進されてきた。一九七〇年代以降、「文化の時代」や「地方の時代」が提唱され、独自の地域文化振興も活発化した。ところが、財政難で文化予算が削減され、行政当局の文化行政に対する関心も低下し[7]、来館者・利用者の少ない文化施設は無駄だという意識から[8]、「利用者数の低迷」を理由に文化行政・施設の整理が進められていった。

こうしたなか、同じ文化施設でも、公文書館は、図書館や博物館に比べ、特に厳しい状況にある。日本では一般に、行政サービスの一環として社会教育機関である公共図書館の設置を求める市民は多く、全国都道府県および市以上の地方における公共図書館の設置率はほぼ一〇〇パーセントに近い。だが、公文書館設置を要求する市民の声はほとんどなく、地方公文書館設置率は極めて低い。なぜなら、図書館や博物館を認知、理解する地域住民は多いが、公文書館を認知、理解する地域住民は少ないからである。図書館も公文書館も、ともに「形式知を担う基盤的社会制度」であるのだが、図書館に対する関心は高いが、「行政参画の基盤となる公文書館には無関心な地域住民」が多い。日本では、図書館は「社会教育機関として住民の誰にでも公開され、健全なコミュニティの構成員たる健全な主権者の生涯学習機関」と捉えるが、公文書館は「歴史研究者・愛好者のための専用の図書館程度」にしか考えていないのである[9]。

以上のように、日本では、主権者（国民）でもあり、自治の担い手（市民）でもある地域住民の公文書館に対する認知、理解が乏しく、関心も低い。これらの点は、諸外国に比べても際立っている。こうした地域住民（国民）の公文書館に対する関心の低さが、地方公文書館を取り巻く環境をさらに悪化させている。というのも、地域住民（国民）が、適切な公文書管理や公文書館に強い関心をもっていなければ、有権者の関心の動向を敏感に感じ取り、それを政策の俎上にあげようとする首長や議員等のインセンティブ[10]につながらないからである。地域住民（国民）が、公文書館を認知、理解せず、関心を持っていないわが国では、政治家や行政当局が、公文書館の設立・拡充を政策とするメリットが存在しないのである。仮に、政治家や行政当局が公文書館の意義・役割を意識し、公文書館設立や拡充政策を掲げても、地域住民（国民）ニーズとは合致せず、予算の無駄遣いとの批判を受ける可能性もある。ましてや、公文書館（サービス）を縮小や廃止した方が、財政健全化政策の一環として評価される場合すら少なくないのである。

地方公文書館の取り組み

こうした状況にあって、公文書館未設の地方にとって、公文書館設立は容易な事業ではなく、公文書館既設の地方にとっても、公文書館（サービス）の維持・継続は困難な事業である。公文書館は、図書館等に比べ人員も予算も限定され、限られた人員・予算を活用し、自らの意義と役割を地域住民（国民）や政治家・行政当局に訴求しなければならない。

地方公文書館の業務として重要なのは、⑴歴史的文書の選別・収集・保存・公開、⑵古文書講座や歴史講座、企画展示などの住民サービスである。わが国では、⑴も重要な業務ではあるが、それ以上に重要なのが⑵である。その理由は、来館者・利用者の少ない文化施設は無駄だという意識が日本では強く、地方公文書館関係者は、政治家・行政当局の理解を得るためには、一定数の利用者・来館者を絶えず維持し続けなければならないからである。

古文書・歴史講座や企画展示の開催は利用者・来館者数を増やす主要なイベントであり、限られた人員・予算を活用し、これらのイベントが精力的に行われることになる。近年、古文書解読や郷土史学習は地域史や歴史学習熱の高まりを受け人気となっている。これらの講座や企画展は、所蔵文書を公開し歴史的公文書の収集、保存、公開の必要性、公文書館の意義と役割を地域住民に周知できる貴重な機会でもある。それゆえ、アーキビストのいる公文書館では、アーキビストの主となる業務は、各種講座や企画展示の企画・立案・運営であるといってよい。だが、これらのイベント開催は、人員・予算のさらなる削減リスクも内包している。各種講座や企画展の開催は、人員・予算削減の余地があるという財務当局の判断にもつながり、結果的には、さらなる人員・予算削減をもたらす可能性もある。地方公文書館は長い冬の時代を迎えている。

二　地方公文書館の課題

地方公文書館の設立・拡充に向けて

地方公文書館の設立・拡充には、地方財政状況の改善が欠かせない。だが、地方財政構造は、中央—地方の歳出比率は四対六であるのに歳入比率は六対四で、この歳入出比率の矛盾を調整するための中央から地方への財源再分配制度が設けられてはいるものの、歴史的な中央集権的税財政構造の下で地方の財政自立性は低い状況にある。

また、公文書館が市民に身近な施設で「民主主義社会の基本要件」となっている欧米と異なり、公文書館を認知、理解せず、関心も持たない日本では、政治家や行政当局が公文書館を設立・拡充するインセンティブを生じる土壌もない。「アーカイブズ文化」が存在しないからである。

公文書館の設立・拡充には、根本的には欧米のような「アーカイブズ文化」の成立が待たれるが、それには長い年月が必要である。よって当面の間、地方財政事情を勘案しつつ、可能性を探る以外みちはない。

本来、公文書館は、単独施設として設置されることが望ましい。公文書館と他の文化施設などとは、その目的・性格・内容・利用者・利用方法が異なるからである(11)。だが、上述した日本の実情を考慮すれば、単独施設にこだわらず、図書館や博物館、歴史資料館、情報公開施設等の既存の施設との複合施設、あるいは府県と市町村との広域連携に基づく共同公文書館等の取り組み(12)みを参照して、「公文書管理法」の趣旨に則った「公文書館的機能」をもつ施設の設置を検討する必要がある。[13]そして、地方公文書館を維持・継続するには、政治家や行政当局の公文書館拡充のインセンティブを生じる土壌を形成していかなければならない。そのためには、公文書館を「歴史研究者・愛好者のための専用の図書館程度」と考える地域住民の意識を転換させる取り組みが必要となってくる。

そもそも政治家や行政当局、地域住民の公文書館に対する認識、理解の乏しさは、公文書館の収集・保存・公開の対象とする文書が「歴史公文書」であるところにも原因がある。「国立公文書館法」や「公文書管理法」が公文書館の所蔵資料を「歴史公文書」と位置付けていることで、公文書館が歴史学的な要素が非常に強い施設となっている。このため、公文書館の所蔵資料は、もっぱら近現代史専攻の歴史学者が対象であって、行政当局が利用可能なものではないという意識が強くなっている。事実、多くの公文書館では、行政職員の利用は非常に限られている。また、公文書館を認知している地域住民の意識でも、図書館とちがい、公文書館は、利用者が歴史学者に限定された敷居の高い施設と考えられている。

一番の問題は、「歴史公文書」も地域住民（国民）共有の財産だと捉える意識が浸透していないところにあるのだが、公文書館の収蔵資料を「歴史公文書」とする法的位置付けも、政治家・行政当局、地域住民の認識、理解を乏しくし、関心を低下させる要因ともなっている。

この点については、札幌市の公文書管理に対する考え方が参考にできよう。[14]「札幌市公文書管理条例」（二〇一二年）は、「公文書のうち、市政の重要事項に関わり、将来にわたって市の活動又は歴史を検証する上で重要な資料」を「重要公文書」と位置付け、「重要公文書」の中から選別された「特定重要公文書」が公文書館の収蔵資料であるとしている（第二条）。ここで重要なのは、「歴史」を前面に出さず、「歴史」を削るでもなく、公文書館の所蔵資料が過去・現在・未来の市の行政活動に資する重要な資料であると位置付けているところである。これは、文言上のイメージの問題ではあるが、政治家・行政当局、地域住民の公文書館に対する認識、理解を深め関心を高める可能性が秘められているのではないか。

文書を残す基準

地域住民の公文書館に対する認識、理解を深め、関心を高めるには、どのような資料を所蔵するかが重要課題である。要は、「文書を残す基準」である。

地方公文書館は、現用文書の保存期間満了後、廃棄対象となる公文書リストの一覧が送られ、このリスト上での一次選別を行い、一次選別後に現物を直接確認して二次選別を行い、その移管を受けて最終選別を行い、所蔵文書として登録する形式が一般であろう。しかし、必ずしも明確な「文書を残す基準」が策定されていない場合が多く、選別が困難な場合も少なくないであろう。歴史的に重要な公文書とは何か、という価値判断基準が定式化されているとはいえないのである。

例えば、二〇一〇（平成二二）年七月一五日の第一回公文書管理委員会では、将来、「国立公文

書館に移管すべき歴史的価値のある文書の判断基準」を次のように例示している。(15)

①国益や社会に重大な影響を与える意思決定であったかどうか。
②個人や法人が重大な影響を受ける意思決定であったかどうか。
③わが国の歴史、文化、学術の発展のために役立つ文書であるかどうか。
④今後の政策形成の参考資料となるかどうか。
⑤わが国の社会に重大な影響を与えた事件、事業であったか。

これらは、国立公文書館を対象としたものであり、国を地方公共団体に置き換える必要があるが、一定の参考にはなるだろう。だが、「重大な影響」や「役立つ」といった基準に基づく判断は困難であり、過去の評価・選別の先例や経験則に基づいた評価・選別が行われるのが一般的である。ただし、評価・選別業務をある特定の担当者が継続的に一貫して行うわけでもないため、公文書館で収集・保存する文書が変化する可能性もある。

そこで地方公文書館は、地域の歴史や文化、特有性に基づく、独特の公文書館像を描き、それに即した「文書を残す基準」を設定することが必要であろう。公文書館のイメージを確立し、地域住民に親しまれる施設というイメージを創り出す試みである。

例えば、山口県文書館には、旧長州藩主毛利家から寄託された藩政文書がある。埼玉県立文書館では、他館で例を見ない地図センターが設置されている。沖縄県公文書館では、沖縄戦の記録や琉球政府時代の公文書などを閲覧することができる。こうした、地域住民の生活の歴史に根差した公文書館のあり様とそれに基づく様々な公文書館当局者の創意工夫[16]が、地域住民に親しまれる施設として、イメージの定着と相俟って、公文書館利用者・来館者数の向上に帰結するのである。

このような地域の特有性を考慮し、地域独特の公文書館像を描き、㈠行政の一貫性、㈡歴史的基準、㈢自治体の特有性などを考慮して、「文書を残す基準」を策定し、地域住民に親しまれる施設を目指す必要がある。

欧米では、公文書館に対する社会的認知度が高く、推理小説などにも公文書館が事件解決の舞台として登場するほど、公文書館が広く認識されている[17]。欧米で、公文書館に対する認識、理解が深い理由の一つが、市民に身近な歴史資料が所蔵され「市民に身近なアーカイブズ」となっているところにある。例えばイギリスでは、自らの先祖をたどる「家系調査」のために多くの一般市民が公文書館を訪れるという[18]。英国国立公文書館には、「ロンドン家系調査センター」の専門ブースが設置され、過去の国勢調査の記録から出産・結婚・離婚・死亡等の記録のほか、相続税の納税記録や軍隊での従軍記録などが保存され、閲覧可能だという。英国の地方公文書館でも、手紙や家計簿、農事記録、写真集、地図やフィルムなど、「先人の暮らしぶりを鮮やかに示してくれる」私文書まで保管され、「過去の出来事の詳細を再発見出来る場所」として、多くの市民が訪れている[19]。

日本では、同和問題もあり「戸籍」や寺院「過去帳」の保存・公開は難しく、「家系調査」サービスのような取り組みは困難である。[20] だが、歴史研究者に利用が限定された敷居の高い施設ではなく、欧米の公文書館のような日常の身近な記録を尋ねて地域住民が訪れる施設、「市民に身近なアーカイブズ」、「過去の出来事の詳細を再発見出来る」場所を目指すことは不可能ではない。

地域に根ざし「市民に身近なアーカイブズ」を目指して

このような意味で、地方公文書館は「暮らしの中のアーカイブ」[21] という発想をもつことが極めて重要である。地方公文書館は、率先して、家族の資料や学校の公文書や記念誌などを、積極的に収集・保存・公開していくべきである。

社会の最小単位である家族の記録資料は、地域住民の暮らしを反映し、地域文化の発展や住民の暮らしぶりの変化を知ることのできる重要な記録である。また、小・中・高校は地域住民に非常に身近な施設である。自分や家族が通った学び舎の公的記録や写真、アルバム等は、地域住民の身近な歴史調査に不可欠の資料であり、「市民に身近なアーカイブズ」を目指すには必要不可欠のものである。

日本の公文書館は、基本、行政官庁の業務記録である公文書を対象としており、地域住民の権利・財産・履歴といった「私文書」（個人の記録）は収蔵していないために社会的役割が低いといった指摘もある。[22] 今後、地方公文書館は、欧米のような「市民に身近なアーカイブズ」として、地域住民に対する地方行政サービスの一環として、歴史的公文書の収集だけでなく、地域住民生活の全般にわたる記録資料を収集し、地域住民の権利を擁護する場として認知される必要があるだろう[23]。家族の記録資料は、後代の家族＝将来の地域住民の重要な歴史的記録であり、自分史・家族史の作成に資するだけでなく、場合によっては地域社会や国家にとっての重要な記録遺産となる可能性も秘めている。公立学校の運営は地域住民の負担した地方税・国税を原資に行われるものであり、地方公共団体が設立・運営し、地域住民に身近な施設でもある「学校アーカイブ」は、今後、地方公文書館の積極的な収集の対象とすべきであろう。

さらに地方公文書館は、地域の文化的遺産を残す役割をも積極的に果たしていくべきである。イタリアやスペインでは、地域出身の芸術家の小説・原稿のほか、音楽アーカイブズ等を、地域の文化的遺産として、公文書館等で保存している。その背景には、文化的遺産は公的か私的かを問わず、「国家の記憶を形成」するもので、国民に「非常に重要な役割」ある「社会全体の利益」となるものである。だから、「国民利益を代表する国家」が国民の利益のために「遺産を保護すべき」責務があるのであり、「保護」とは国民の「権利の擁護」を意味するのだという「文明の概念[24]」があるという。

日本の地方公文書館も、単に、公文書等、紙媒体の行政記録や行政情報のみを収集・保存・公開の対象とするのでなく、公的か私的かを問わず、地域の記憶を形成する地域の文化的遺産を積極的に収集していくべきであろう。特に公文書館では、地域住民の税金に基づいている施設であるから公文書はともかく私文書の収集は説明ができないという意見もある。だが、上述したような地域住民の利益を代表する地方公共団体が、地域住民の利益のために地域の文化的遺産を保護すべき責務があり、文化的遺産の保護とは、地域住民の「権利の擁護」を意味するのだという意識改革が必要であろう。それによって、地方公文書館は「市民に身近なアーカイブズ」として、地域住民の認識、理解を深め、関心を高めてもらえる施設へと変化することができる。「市民に身近なアーカイブズ」の要件が達成できれば、次に目指されなければならないのは、欧米社会に見られるような、公文書館を「民主主義社会の基本要件」ととらえる認識の共有である。そのためには、日本における「アーカイブズ文化」の形成が必要不可欠である。

三 「アーカイブズ文化」

はじめに述べたように、「アーカイブズ文化」とは“Tax payers”の意識を基盤として、アーカイブズの意義と重要性を認識し、成立し得る歴史・文化的な土壌である。

市民革命を経験した欧米では、“Tax payers”としての権利意識が醸成されてきた。“Tax payers”とは、進んで納税し税の使途まで監視する者を意味する。このような権利意識が明瞭に規定されているのは、近代的アーカイブズの発祥地でもあるフランス「人権宣言」（一七八九年）である。「人権宣言」第一三条では、「公的強制力の維持」と「行政の諸費用」のため、全市民が「その能力に応じて平等に配分」される「共同の分担金」という国民の納税（共同の分担金）に関する規定がある。そして、第一四条で「すべての市民は、自身であるいは代表者を通じて、公的分担金の必要性を確認し、それに自由に同意し、その使途を見守り、かつ、その分担割合、標準、取り立ておよび存続期間につき決定する権利を有する。」とする。[25] つまり、主権者である国民（市民）が税の「必要性」や「分担割合」「存続期間」の確認・同意・決定の権利をもつだけでなく、税の「使途」を監視することが明示される。「人権宣言」は、現在もフランスで憲法的効力を有している。

イギリスでも、租税は主権者（国民）が国家に提供する金銭であり、国民が租税の支出目的を検討、承認し、承諾するという考え方が定着している。したがって、租税の賦課・徴収には、議会の審議・承認（＝国民の同意）が不可欠であり、国民は自らが負担した税の用途をも監視する意識が強い。

このように進んで納税し、税の使途まで監視する者である“Tax payers”としての権利意識が醸成された国々では、“Tax payers”の権利意識を基盤とする「アーカイブズ文化」が存在する。自らが負担した租税を原資とする行政の執行手段である公文書は「国民共有の財産」であり、したがって公文書は当然、適切に保存されねばならず、租税を原資とする行政を監視するには、公文書の適正な公開が不可欠だという意識が働くからである。

一方、日本の納税者は課税がどのように決定され、納めた租税がどのように使われているかさえ知ろうともせず、「日本人ほど自国の税制にたいして関心のうすい国民はいない」[26] と指摘されるように、納税は「義務」という意識が強く、税金の使途を問題にしない租税観がある。こうした租税観では、"Tax payers"の権利意識を基盤とする「アーカイブズ文化」は存在し得ない。租税を原資とする行政の執行手段である公文書を「国民共有の財産」と考える意識も形成されず、租税を原資とする行政を監視しようという意識も希薄となるからである。

近世から近代日本と"Tax payers"としての権利意識

近世の日本では、[27]「領主は百姓が生存できるよう仁政を施し、百姓はそれに応えて年貢を皆済すべきだ」という「仁政イデオロギー」が存在した。領主が「民の生命の再生産を保障するべきだ」との「生存権保障の観念」が成立していたとされる。このような近世日本では、「仁政的な恩義関係」に基づく領主と百姓(民衆)との関係の下で訴訟が行われ、訴訟で仁政が実現されない場合に百姓一揆が生じたのである。

例えば、一七二二(正徳二)年の加賀大聖寺一揆を描いた『那谷寺通夜物語』では、百姓達は「仁政を施さない大聖寺藩を批判」し、「仕置」(政治)が悪ければ「年貢はせぬ」(納税しない)と述べ、「仕置(政治)次第」で、良い方の領主の「御百姓」になると述べたという。このような百姓達の主張は、「仁政が領主の責務だという通念が成立している近世社会」では「突飛な発言」ではないという。[28]

近世日本では、百姓(民衆)が、「仕置」(政治)が良ければ年貢(納税)するが、「仕置」(政治)が悪ければ年貢(納税)しない、もしくは「年貢」(納税)先を変えるという認識を有していたのである。このような認識は、欧米社会にみられるような"Tax payers"の権利意識に発展する可能性を秘めていたということもできるのではないか。

このような民衆の権利意識は、明治一〇年代前半における自由民権運動を基盤とする私擬憲法草案にも、確かに垣間見ることができるのである。

例えば、私擬憲法草案の一つである「五日市憲法草案」は、国民の「代理」である国会が決定し天皇が許可しなければ政府は課税できないなど、国民生活に直結する租税等の経済的負担に関する討議権を国会に限定保障している。また、日本国民を代理する立法機関である国会に対し、行政全局を監督する権利が付与され、国民の「代理」である国会が違憲立法審査権や政策点検阻止権も認められていた[29]。「五日市憲法草案」においては、国民の「代理」である国会に対して、租税や国債など、国民の経済的負担に関する決定権や行政に対する監督権が付与されていた。このように、国会の行政に対する監督権を認める「五日市憲法草案」の基本理念の中には、欧米のような"Tax payers"の権利意識に発展する可能性が秘められていたといえよう。このような民衆意識は、百姓一揆を起源の一つとするものであり、その意識は、自由民権運動を基盤とする私擬憲法草案の中にも受け継がれていたといえよう。

大日本帝国憲法体制と"Tax payers"の権利意識

だが明治政府は、一八八一(明治一四)年に国会開設の勅諭を発し、国会組織や憲法の内容は天皇が親裁すると宣言した。憲法に関する民間の議論を禁じ、自由民権運動の分裂・打倒を図りつつ、伊藤博文らを中心に、大日本帝国憲法（以下、帝国憲法と略称）の編纂作業が進められていった。帝国憲法は、「日本臣民ハ法律ノ定ムル所ニ従ヒ納税ノ義務ヲ有ス」（第二一条）と臣民の納税義務が規定され、「租税法律主義」を採用（第六二条）しつつも、一度、議会が議決した租税法は将来にわたりその効力を有するとする「永久税主義」が採られるなど（第六三条）、天皇制国家の行政活動が臣民の代表者で構成される議会による財政上の拘束を受けない工夫が施されていた。

『憲法義解』では、納税は「兵役と均く、臣民の国家に対する義務の一」つと捉えられ、租税は臣民が「国家の公費を分担」するもので、「人民の随意なる献饋《けんき》（贈り物）」ではないとした。租税の賦課・徴収は「国権」（国家の権利）であり、臣民は負担能力に応じた納税を無償で行う一方的金銭給付義務を負うとされた[30]。明治政府は、租税は国家や地方団体が「統治権」に基づき、「統治権下に在る者」（臣民）に「負担」させるものであり、課税に納税者の同意は不要で、国家が強制的に課税できるとしたのである[31]。

また帝国憲法では、西欧諸国のように「予算」は「法律で規定する」という「予算法」の文言を用いず、「予算」の文言を用いている。そもそも「予算法」とは、「本来自由な支出権を有する行政部に対する制限規範」として、国民の代表者で構成される議会が予算法議定の機会毎に全行政に対する支出統制を行うことを企図した、立憲財政制度の形式として採用されたものである[32]。

だが帝国憲法は、臣民の代表者で構成される帝国議会による政府の予算支出に対する統制を排除するため、㈠天皇大権に基づく歳出、㈡法律上の結果による歳出、㈢法律上、政府の義務に属する歳出に関する予算額については、帝国議会は政府の同意がなければ廃除・削減できないようにするなど（第六七条）、政府の予算支出権を保障した。その他、前年度予算執行権（第七一条）や、緊急の必要がある場合、緊急勅令（憲法第八条の規定に基づく）での予算外支出権を政府に認めるなど（第六八条・第七〇条一項）、臣民の代表者で構成される議会が政府に財政統制をかけることへの対策が講じられていたのである。帝国憲法は、ドイツ（プロイセン）の憲法・予算制度を範としていたことが知られるが、実は、ドイツよりも行政権中心・議会軽視の、予算・会計制度上における議会の掣肘を強力に抑制し、予算・会計制度上の行政権優位を構築したものであった(33)。

これらの帝国憲法の規定は、租税の「使途」に対し議会を通じた国民のチェックが働く要素を非常に弱める要因となり、「租税の徴収と租税の使途とを関連させて、国家財政を問題とする」ような「国民意識」の十分な成長を阻害する要因として働いた(34)。

こうして、欧米のような "Tax payers" の権利意識に発展する可能性を秘めた民衆意識を包含する私擬憲法草案を排除した帝国憲法により、明治政府は、議会を通じ国家財政（行政）を統制しようとする国民意識の成長を阻害したのである。このような帝国憲法の考え方は、次に述べるような日本国憲法にも継承されている。

日本国憲法と"Tax payers"の権利意識

戦後、日本国憲法は、戦前の反省にたち、「民主主義、平和主義の思想」と英米の法律思想に基づき起草された。「マッカーサー三原則」（一九四六年）第三項は「予算の型は、英国制度にならうこと」としたが、日本国憲法の予算・会計制度は、帝国憲法をベースに規定された[35]。

日本国憲法は、租税理念としては、帝国憲法の「納税義務」の規定を踏襲し、国民の納税義務を継承した（第三〇条）。しかし、松本烝治国務大臣を中心とする松本委員会の憲法草案は、天皇主権の帝国憲法を前提に「納税義務」の規程を存置していたが、その後のマッカーサー草案や日本政府の「憲法改正草案要綱」では「納税義務」の規定は削除されていた。にもかかわらず、「主権者としての納税者の誕生を想定」できなかった大蔵省が、「納税義務」の規定復活を要望し、帝国議会でも与野党の意見として「納税義務」の規定復活を求める意見が強かったため、日本国憲法に「納税義務」が継承されたのである。

このため日本国憲法の趣旨に則れば、主権者（納税者）である国民が、本来、自己の財産から税を拠出し、国家財源を補填するか否かを自由に決定できるはずであったにも関わらず、「明治憲法的発想の産物」である「納税義務」規定が存置された結果、「憲法の基本的人権部分において、『国民の義務』として納税の義務が明文化」されるという「奇異」な現象が生じた[36]。大蔵省も、戦前以来の税務行政を踏襲でき、「国民に義務として課税し、納税しない国民を取り締まるという行政システム」も維持された。こうして、「税制は自分たちが決めるものではなく、『お上』が決めるもの、納税は義務としてお上に奪われるもの、という戦後税制の不幸」が始まった[37]。また、「国民の基本的義務である納税の義務」を理解させるため、義務教育の場で「納税者のモラルを確立し、『納税教育』を徹底」するなど（一九六四年）[38]、納税を権利でなく義務とする租税観が国民に植え付けられていった。

日本国憲法第七章を中心とする財政の規定も、「主権者としての納税者の誕生を想定」できなかった大蔵省主計局が中心に起草した結果[39]、帝国憲法以来の政府の予算支出に対する議会の統制を排除する予算・会計制度が継承された。

おわりに

丸山真男は、「権利の上に長くねむっている者は民法の保護に値しない」という法諺《ほうげん》の趣旨に基づき、民主主義の「制度の現実の働き方を絶えず監視し批判する姿勢」で「不断の民主化」活動を行い、民主主義を「生きたもの」とするよう述べた[40]。近代社会は、出生や家柄、年齢など、個人の行動で変えることのできない要素が社会関係において決定的な役割を担い、「何であるか」（属性）が重要な価値判断の基準となる近世社会とは異なり、「何をするか」（機能）の価値観に基づく社会である。近代社会では、為政者は「人民と社会に不断にサービスを提供する」[41]ことではじめて為政者となるのであり、人民はつねに為政者の「権利乱用」を監視・チェックするのである。丸山は、民主主義の制度の有無ではなく、国民（地域住民）が政治を監視・チェックする姿勢の有無を民主主義社会の判断基準とすべきだと説いた。

だが、日本社会は、欧米のような "Tax payers" の権利意識に発展する可能性を秘めた民衆意識を、㈠日本近代国家の形成過程＝帝国憲法制定過程と㈡日本国憲法制定と民主化の過程においても実現することができなかった。そのことが、欧米のような "Tax payers" としての権利意識を基盤とする「アーカイブズ文化」がそもそも存在し得ないような土壌を形成したのである。なぜ、そのような土壌が形成されたかは、今後、我々が追求すべき課題であるといえよう。

日本において地方公文書館の設立、拡充を目指すには、根本的には、国民（地域住民）が、アーカイブズやアーキビストの意義と重要性を認識、理解し、公文書館を「民主主義社会の基本要件」とする認識を共有しえるような、歴史・文化的土壌としての「アーカイブズ文化」が成立しなければならない。そのためには、欧米のような "Tax payers" としての権利意識の覚醒が必要不可欠なのである。

アーカイブズは「文化のモノサシ」であり、その国の人々の日常生活を支える基礎的文化を示すものである。欧米を中心に、世界各国では、固有の文化伝統と権利の基盤としてのアーカイブズが、意識的、無意識的にその国の人々の間で浸透している(42)。

公文書館を地域住民の意識のなかに浸透させるには、地方公共団体の創意工夫が必要であることはいうまでもない。だが、それ以上に必要なのは、日本における欧米のような "Tax payers" としての権利意識を基盤とする「アーカイブズ文化」なのである。

本講は、JSPS科研費JP18H00705による研究成果の一部である。

注

（1）矢切努「日本における公文書管理問題の法史学的考察」『中京法學』中京大学法学会、八二ページ（二〇一九）

（2）小川千代子・高橋実・大西愛編著『アーカイブズ事典』大阪大学出版会、一四ページ（二〇一一）

（3）瀬畑源「第二章　情報公開報と公文書管理法の制定」久保亨・瀬畑源『国家と秘密—隠される公文書』集英社、七一ページ（二〇一四）

（4）小川・高橋・大西・前掲『アーカイブズ事典』三六～三七ページ、早川和宏「地方自治体の公文書管理・公文書館的機能の整備」国立公文書館『アーカイブズ』第四二号、三ページ（二〇一〇）

（5）早川・同上、三～四ページ。氏によると、二〇一〇年現在、地方公文書館等は、全地方公共団体のわずか三パーセントに過ぎない（同、四ページ）。

（6）早川・同上、五ページ。

（7）佐藤一子「地域の発展を支える文化行政と文化施設」『住民と自治』一二月号、一～二ページ（二〇一六）

（8）「大阪府公文書館開設20執念記念座談会」『大阪あーかいぶず』第三七号、大阪府公文書館、八ページ（二〇〇六）（山中永之佑座長【当時】の発言）。

（9）高山正也「日本における文書の保存と管理」『別冊環⑮図書館・アーカイブズとは何か』藤原書店、四六～四七ページ（二〇〇八）

（10）京俊介「イシュー・セイリアンスの測定—刑事政策を事例にして—」『中京法學』五〇巻二号（二〇一五）八五ページの「イシュー・セイリアンスと政策形成過程」に関する考え方を参考にしている。

（11）公文書館問題専門家研究会『行政情報センターの実現と歴史資料の保存のために―大阪府公文書館の基本構想についての提言―』九〜一一ページ（一九八三）。
（12）日本弁護士連合会『公文書管理　民主主義の確立に向けて』明石書店、一六三ページ（二〇一九）
（13）日本弁護士連合会・同上、一六一〜一六三ページ。
（14）檜山幸夫「日本の公文書管理制度について」、桑原英明「札幌市における公文書管理」『中京大学社会科学研究所叢書42　地方公共団体における公文書管理制度の形成―現状と課題―』公職研二四〜二五ページ、一一五〜一四〇ページ（二〇一七）
（15）小池聖一『アーカイブズと歴史学―日本における公文書管理』刀水書房、五四〜五六ページ（二〇二〇）
（16）公文書館の多様な取り組みについては、長井勉『公文書館紀行―公文書館を取材して見えてきた現状と課題』丸善プラネット株式会社（二〇一七）を参照。
（17）大濱徹也『アーカイブズへの眼―記録の管理と保存の哲学―』刀水書房、一三八ページ（二〇〇七）
また山中永之佑氏は、「…（前略）私はフランスに行ったとき、パリの国立公文書館を訪ねました。この建物は、日本のＪＴＢの案内書には歴史博物館となっています。ホテルのフロントで地図を出して、『ヒストリカル　ミュージアムに行きたい』と言いましたら、『これはナショナル　アーカイブズです』と言うんです。なるほどフランスではナショナル　アーカイブズで通っている。歴史博物館と併設されているんです。

国立公文書館の公文書館専門職員養成課程で講義したとき、『東京のホテルで国立公文書館を聞いたら、ホテルマンがどれだけ知っているんでしょうか』と申しましたら、皆さん笑っておられましたが。フランスでは、まったくそういうことに関係のないはずのホテルマンでも、当然のことのようにナショナル　アーカイブズを知っているんです。これは重要なことなんです。」（岩野英夫・中尾敏充「聞き書き・わが国における法史学の歩み（四）―山中永之佑先生に聞きする―」『同志社法学』第五七巻第二号【三〇七号】五六二ページ（二〇〇五））と指摘している。
（18）瀬畑源『公文書問題―日本の「闇」の核心』集英社、一六三〜一六七ページ（二〇一八）

(19) 大西愛「暮らしの中のアーカイブ」小川千代子・菅真城・大西愛編著『公文書をアーカイブする─事実は記録されている─』大阪大学出版会、五一ページ（二〇一九）

(20) 瀬畑・前掲『公文書問題─日本の「闇」の核心』一六七～一七〇ページ。

(21) 「暮らしの中のアーカイブ」については、第四章「1　家族の資料」「2　学校のアーカイブ」（大西愛執筆）、小川千代子・高橋実・大西愛編著『アーカイブズ事典』大阪大学出版会、七〇～七七ページ（二〇一一）、大西・前掲「暮らしの中のアーカイブ」四四～六〇ページを参照。

(22) 檜山幸夫「I　アーカイブズ学とは何か」上代庸平編『中京大学社会科学研究所叢書33アーカイブズ学要論』尚学社、二七ページ（二〇一四）

(23) 大濱・前掲『アーカイブズへの眼』一四三ページ。

(24) ディアーナ・マルタ・トッカフォンディ（丸田美香訳）「イタリアのアーカイブズと文書保護局」『社研叢書45公文書管理における現状と課題』創泉堂出版、一二一ページ（二〇一九）

(25) 高橋和之『[新版]世界憲法集』岩波書店、三一八～三一九ページ（二〇〇八）

(26) 志賀櫻『タックス・イーター─消えていく税金』岩波書店、二ページ（二〇一六）

(27) 若尾政希『百姓一揆』岩波書店、三四、五九、二二八ページ（二〇一八）

(28) 若尾・同上、一七七～一七九ページを参照されたい。

(29) 新井勝紘『五日市憲法』岩波書店、六〇～六五ページ、二〇七ページ（二〇一八）

(30) 伊藤博文・宮沢俊儀校訂『憲法義解』岩波書店、一〇三～一〇五ページ（二〇〇七）、中尾敏充「第4章　徴税機構と税制」『新・日本近代法論』法律文化社、八六～八七ページ（二〇一四）

(31) 星野直樹「税法」末弘厳太郎編『現代法学全集』第二三巻、日本評論社、二一〇～二一二ページ（一九二八）

(32) 小嶋和司『小嶋和司憲法論集二　憲法と政治機構』木鐸社、三一二～三一五ページ（二〇〇六）

(33) 小山廣和氏は、帝国憲法の起草者が「承知の上で、『世界に類例のない』ドイツ型予算制度の導入を図った。そして、更にそれを一歩すすめて、行政権中心・国会軽視という統治構造」へと「仕立て上げた」と述べてい

る（小山廣和「『租税法律主義』概念の確立」『法律論叢』第七六巻第四・五合併号、九七ページ（二〇〇四）

(34) 中尾・前掲「第4章　徴税機構と税制」八八ページ。

(35) 安澤喜一郎「日本国憲法における租税の本質」『法律論叢』第四八巻第四・五・六号、九五〜九六ページ（一九七六）

(36) 志賀・前掲『タックス・イーター』七ページ。

(37) 三木義一『日本の納税者』岩波書店、一九〜二八ページ（二〇一五）

(38)「読売新聞」一九六四年四月二六日、一ページ。

(39) 安澤・前掲「日本国憲法における租税の本質」九八〜九九ページ。

(40) 丸山真男『日本の思想』岩波書店、一七〇〜一七五ページ（二〇一八）

(41) 丸山・同上、一七五〜一八四ページ

(42) 小川千代子『世界の文書館』岩田書院、八ページ、一〇四〜一〇五ページ（二〇〇四）

第五講　何を残すべきなのか
――熊本県公文書への私のチャレンジと日本への提言――

九州大学附属図書館付設記録資料館
三輪　宗弘

はじめに――何が問題なのか――

資料は三〇年後に公開すべきである。作成後三〇年までには公開するというのが三〇年原則の一般的解釈であるが（第一講参照）、解釈によっては「三〇年間は公開しなくてもよい」ということである。このことの大切さを理解しておかないと、自衛隊の南スーダンの日報と同じように政治問題化することになる。隊員の生命を危険にさらす可能性のある文書を、黒塗りで公開することが時期尚早で、それほど年月日が経過していない時期にはふさわしくないことかどうか、また公開することがいかに不適切であるのかということが、日本では議論されない。海外に治安のために部隊が展開された以上、自衛隊員の安全にかかわることがらが盛られている点は議論されない。存在しても公開できないということの大切さも考慮されなければならない[1]。政治問題化した問題は、政争の材料となり一方的な読み方がマスコミで取り上げられ、一つの観点（思い込み）で裁断される。これに勧善懲悪が入り込む。「民主主義云々」「学問の自由」という錦の御旗まで登場する。南スーダンの自衛隊の記録を開示請求した狙いは、海外派兵は憲法違反であるとして、時の政権を攻撃する材料にしようとしたにすぎない。(2) その結果、政策にかかわった重要な文書が残らず、当たり障りのない資料が残され、三〇年後に公開されないという負の遺産が連鎖していくことになる。歴史的に価値がない資料を残しても懲罰は受けないのであれば、川の水が下流に向かうように、政争にならないような当たり障りのない公文書を残そうとすることになる。(3) 松岡資明は日本経済新聞社で長年取材した経験から「アーカイブズ取材から見えた日本の病理」という講演の中で、南スーダン派遣ＰＫＯ部隊の日報に関して、「幹部職員は情報公開請求に対して、日報は該当文書から外れることが望ましい、と考えているとしか思えません」と批判的に論じているが、(4) 自衛隊サイドの立場に立てば、憲法違反云々という政争の爆弾を求める相手に、開示するであろうかという論点は示さない。

皮肉たっぷりに書くならば、このような「意識」が抜け落ちていることが大きな問題である。松岡のような長年アーカイブズ問題を取材指摘してきた記者ですら盲点になっている。かかる点は松岡だけの問題でなく、アーカイブズ後進国日本の根本的な「病理」がこの点に凝縮され、根を張っている。一方的に糾弾し、批判するだけでなく、資料の大切さや重要性、後日公開することの利点を為政者や官僚に説く努力もしなければいけない。実際、米英、オーストラリアの資料公開は相当進んでいる。

もう一点、私がかかわったことを冒頭部分で書くことを赦されたい（後段でも触れる）。北九州市教育委員会が体罰を隠蔽して、また文書を書き換えているという事実である。文書を非公開にし、公開してもほとんどが黒塗りということである。（事実関係を示す証拠として参考資料として本講末に付けた。「資料5‐1：真っ黒の事故聴取記録①」、「資料5‐2：真っ黒の事故聴取記録②」）。不正を隠蔽したために、市教委は文書を書き換え（非開示にするケースや黒塗りにするケースもある）、嘘をつき通すしかなくなったのである。北九州市教育委員会の文書改ざん[5]や不適切な文書管理は現在進行形で次から次へと連鎖している。本書でこの事実を多くの人の目に留めることになった。

市教委は教員採用、昇格人事（校長、教頭、主幹教諭）の人事権を握っており、少数の課長、部長、次長で回しながら牛耳っている。検察庁が捜査権を発動しない限り、また文部科学省やスポーツ庁が本気で介入しない限り、この北九州市教育委員会の不正は継続されていく。裁判に訴えても、彼らは自分のお金でなく、北九州市のお金で弁護士を雇い、裁判を継続できる[6]。

話を戻そう。このような事例を踏まえ、私が米海軍を立派だと思ったのは、三〇年後に潜水艦などの航海日誌を公開していくというルールが徹底されているからである。「軍事機密」に指定した文書を「後日」公開することで（現在につながるシステムなどは非公開だが）、シビリアンコントロールが保たれている。「軍事」には機密や秘密、非公開がつきものである以上、後日公開することで「シビリアンコントロール」が成り立つのである。戦前の日本の軍関係の資料は戦争に負けたので、公開が進んでいる。自衛隊に関してはまだまだ文書が公開されていないが、米海軍は戦後の資料も正々堂々と公開している。一例を挙げておこう。ジョン・コステロ『真珠湾　クラーク基地の悲劇』(啓正社、左近允尚敏訳、一九九八年)によれば、日本海軍の電報の傍受記録を一九四六(昭和二一)年から四五年間非公開にしたが、真珠湾陰謀説(F・D・ローズベルト大統領がヨーロッパ戦線に介入するために日本軍に一撃させたという説)が渦巻く当時の米国の政治状況下では、公開するのは不適切だと判断されたのである。(7)

アメリカの米国国立公文書館で公開されている資料には圧倒されるものがある。歴史研究や政策研究が資料に基づくことで、どのように政策が決定されていった跡付けることができる。また取り入れなかった政策も含め、多様な考え方もあったことがわかる。イギリスの英国国立公文書館(The National Archives、略称TNA)も公開しており、目録の検索が素晴らしいため、狙った資料がヒットしやすい。イギリス軍のドイツ兵の捕虜取扱いに関する資料は公開されていないという点は確かにある。(8) しかし、米英は資料を公開することで、国家としての信頼を高めている。一方中国は資料の公開が恣意的で幾重にも制限をかけている。(9)

真珠湾攻撃を立案した山本五十六は日米開戦に反対したとされているが、その根拠になっているのが、書簡集『五峯録』である。この書簡は東京裁判に提出するために書かれたもので、「本物の書簡がない」ということを明示して使わないと、公正さに欠け、歴史解釈に大きな歪みが生じる。

阿川弘之と半藤一利は、この東京裁判に出された資料で山本五十六は開戦に反対であったと自信たっぷりに書いている。半藤は「昭和の語り部」と高く評価されているが、資料の真正性がここでは問題になるのだ。「笑話」史の茶番劇になりかねない。

一　熊本県総務部県政情報文書課からの誘い――第三者の「有識者」の目――

以上、前置きを挟んだが、資料がいかに大切であるのかわかりやすい事例で説明した。

私が熊本県の公文書の廃棄選別の第三者の「有識者」の目で監査をすることになったのは、熊本県庁の職員の人たちが私の話を聞きに来ていた前で、私が発言した「日本の公文書の廃棄選別、公開は遅れているが、いきなり赤ちゃんに一〇〇メートル走れといっても無理であるから、ヨチヨチ歩きで十分である。出来もしない高い理想は持つべきでない。日本の現状にあったやり方を考えなければならない」という趣旨の内容が琴線に触れたようである。熊本県の担当者は多くの方の講演を聞き、相談したとのことで、高い理想を掲げられて、とてもできないと思っていたところに、「ヨチヨチ歩き」でよいというのが響いたようである。最近は「寝返り」で十分だと言っているが、本心はハイハイで前進させたいと願っている。

蒲島郁夫（熊本県知事）はアメリカ留学時代に公文書が残されて公開されていることに感銘を受けたことが、知事就任後の熊本県の公文書を廃棄選別し、残していくという政策につながったのだろう。熊本県知事が公文書の廃棄を全面的にストップしたため、一年、三年、五年、一〇年、三〇年の文書が毎年大量に出てくるが、廃棄する前に私の目（パブコメで県民も）や第三者委員会の目が入る(10)。資料を残すことで当然、政策の説明責任ということにもつながる。知事が熱心なので、政策に一貫性が出る。

二　行政ファイル一覧からのピックアップ作業――メタ情報の大切さ――

熊本県の公文書の廃棄選別の最初の第一歩は、行政ファイルリストに目を通し、目星しい簿冊の何を残すべきかどうかを現物チェックするための選び出しである。熊本県はインターネットでリストを全部公開している(11)。所謂パブコメである。私は丁寧に目を通して、ピックアップして原本を閲覧する。タイトルなどのメタデータが大切で、これが簡略すぎたり、抽象的すぎたりすると、また「〇〇雑件」とか「△△総括」と抽象的かつ「大きく含む表現」で書かれていると手の打ちようがなくなる。ごくまれにファイルの使いまわしで、ファイル名が訂正されずそのままであるため、内容がまったく違っているもの、情報不足で内容が不明なものもある。

筑波大学名誉教授の杉本重雄や元国立公文書館長の高山正也はメタデータから残す文書を最初に選び出す（キーワードとか資料を作成した原局かどうか）ことの大切さを指摘している。行政ファイル（簿冊）を全部手に取りパラパラと眺めることができない以上、ファイルのタイトル（件名）

で重要な文書を選択するのが初めの一歩となる(12)。

以下私の経験した具体例を書こう。タイトル（件名）やキーワードなどのメタ情報をどのように記載するのか、その書き方によって、廃棄か選別をして残すかどうかを大きく左右する。熊本県ではピックアップ作業のときに、メタ情報が不十分であれば、また間違ってファイルされていれば、廃棄は留保されない。そのまま高熱の炎の焼却炉に直行である。あいまいなタイトルだと選別に思わぬ時間がかかる(13)。私は時間をかけて一点一点丁寧に目を通したが、通常は時間をかけられないだろう。

ピックアップした資料のタイトルが不十分だとどのようなことになるのか、わかりやすい事例を挙げておく。行政文書ファイル名は「生活保護・統計関係報告」となっていたが、「生活保護統計月報審査表」と副題で入っていれば一目瞭然であるが、この記述がない。またあるものは、「課税総括」となっているが、これだと抽象的であり、またあいまいでさっぱりわからないが、実態は「日商簿記検定の受講」であった(14)。瞬時の判断で廃棄できるものが、時間を要することになる。私は目を通したが、通常であれば「課税総括」というメタ情報だけであれば、廃棄に回るだけである。教育委員会関係文書では、「いじめ」とか「自殺」、「県立高校の再編」、「定員」というキーワードがファイルになければ（キーワードの入っているケースもある）、廃棄選別に時間を要することになる。また見落とされることになる。「市町村議会関係」と書かれているが、「八代市」の議会関係の資料であったこともあった。メタ情報が不十分である。「調査伺い」や「調査通知」に関する単なる「綴り」というような類のコンテンツにも「調査」という二文字が入っていれば、私はリストアップして目を通した。[15] 今後どこの都道府県も「調査」という二文字の入った簿冊を拾い上げ、チェックすることは、出来ないだろう。

タイトル、件名、副題、キーワードのメタ情報によって選別作業の効率が左右され、すぐに廃棄もしくは保留という判断ができるのだが、それらが適切であればチェックに時間を割かなくてよかっただろう。また残すべき公文書が選定される確率も高まる。[16] 先述したが、研究機関で使いまわしのファイルを使い、題目の書き換えが行われなかったために、タイトルがまったく異なるということもごくまれに出くわした。メタ情報つまり件名とか資料名が、後々の廃棄選別まで考えて、記載されるということが大切になる。その具体的な例は以下のとおりである。

メタ情報に関係する事例（情報が不十分なファイル名）

「定期報告」

「各種調査・報告関係」

「農業機械　調査」

「各種調査に関する事項」

「事業説明会」

メタ情報の中に、「議事録」という三文字があれば、政策の決定過程を記す記録として残すことにつながる。「議事録」の入っていた行政文書ファイル名であるが、「議事録」が入っていることは明示されていないので、「議事録」の有無がわからなかった。「議事録」と一筆記載があれば、残すか残さないかの判断を瞬時に下すことができ、貴重な資料を確実に残すことにつながる。「議事録」と書かれている場合も当然ある。「メタ情報」が最初の選定の段階でいかに重要かわかるであろう。議事録が「課長以上で構成されていれば残す」というルールを決め、メタ情報に記載すれば、貴重な資料が選別され、残ることになる。

ピックアップ作業はタイトル（メタ情報）や資料を作成した「原局」かどうか、長期的な統計が記載されているか、熊本県の政策にとって重要（新幹線、農業、ダム、水俣病など）であったのかどうか、など様々な要因で選んでいる。熊本県の方針として、ダム関係や水俣病、市町村合併などは残すということが規則に基づいてすでに定められているため、残すことになり、廃棄予定リストには挙がってこないファイルもかなり多いだろう（「熊本県行政文書等の管理に関する条例施行規則第六条第五号の知事が別に定める事項」、平成二五年四月五日告示第四四七号）。実際、水俣病関係は残すということになっているが、前述したようにメタ情報にダムとか水俣病の記載がなければ、廃棄候補リストに回されることになる(17)。

高山正也が、国立公文書館長の退任後に書いた「国立公文書館長業務引継帳余禄(18)」は、二〇一一（平成二三）年四月から施行された「公文書管理法」の問題点を、「法の対象が『公文書』であって、公文書以外の文書は含まれて居ないことにある」と内包する問題点を鋭く抉り、また「国以外の公文書、すなわち自治体等の文書等は含まない点」にもあると切り込む。公文書管理法第三四条で、地方公共団体の「努力義務を述べただけにとどまり、地方の自主性の尊重という美名の下、国の支援についての個別具体案には触れられていない」と指摘する。高山は、地方自治体はもちろん、「ビジネス分野や法人等を含んで本来日本の社会全体としての文書や記録の総体」まで見通して、大きく俯瞰する観点から発信している。「国立公文書館長業務引継帳余禄」に記述されている痛烈な「お役所仕事」に対する批判も傾聴に値する。高山が努力義務では不十分であると憂いて指摘した点であるが、熊本県は蒲島郁夫知事のトップダウンで進んでいる。箱モノである公文書館は現在は熊本地震からの復旧・復興が最優先の熊本県では、財政的な理由で建設予定はないが[19]、全部の公文書の廃棄をストップし、公文書を選別している。「公文書管理法」は熊本県にとって一つの推進力となった。熊本県では高山の憂いたことは杞憂に帰したが、都道府県によっては「ズバリ」核心を突いているケースも起こりうるだろう。

三　何を残し、何を残さないのか――事例研究を示せば――

私を中心とする三輪ゼミ大学院生が第三者として目を通すことで、責任の所在が明確になるというメリットもある。多くの大学の教員や弁護士などが第三者としてかかわった場合、個々の責任感が薄まり、他の方への依存心が生じるだろう。また自分の専門領域が多く残る傾向が鮮明になるだろう。私たちは「三輪ノウハウ（国内、海外のアーカイブでの調査、歴史研究、記録管理学会での活動）」のすべてをつぎ込み、新しいノウハウも蓄積して共有した[20]。こうして熊本で何を残しているのかというノウハウが、日本の都道府県に一つの参考になればと考えている[21]。

また一方で残し過ぎるのもよくないと考えている。電子データなどハードディスクに入れっぱなしにして、残しておけば、取り出すことが難しくなるだけである。情報工学分野を中心に検索システムの改善の研究が進むであろうし、それはそれで大切であるが、廃棄選別をして貴重なものを残すことで捜しやすくなる。強制的に捨てるということも大切で、捨てることは悪いことでなく、残すことと同列の車の両輪である。

人数が多すぎれば、責任感が薄れるという問題と、資料をどうしても残しすぎる（自分の専門に近い分野）ということになる。専門外は他人に委ねることになる。この点は難しい問題があり、熊本県のように第三者が入った事例はなく、私の経験は貴重である。都道府県の職員や退職者が廃棄選別にあたり、茨城県、富山県、香川県のように県立高校の日本史や世界史の教諭が配置され担当するケースもある[22]。熊本県と相談しながら、了解を得て、第三者としての私の経験を情報発信する。それが日本の都道府県の公文書の評価選別へのノウハウを提供することになる。本講はその最初の第一歩である。

熊本県が作成していない資料のケースについて、以下紙幅を割こう。市町村からの知事への要望書、町村議会議長会の要望書、連合からの要望書、商工会議所からの要望書も、熊本県政の政策に大きな影響を与えた資料と評価して、残すべきだと気付き、廃棄を保留した。日本銀行熊本支店、日本政策金融公庫、熊本地方気象台などの地域に密着した報告書は県が作成した公文書ではないが（当然原局でない）、県政も課題を知るうえで重要であり、残すべきだろう。要望書や報告書が系統的に毎年蓄積されることで、熊本県が取り組んだ様々な政策が簡明に把握できるようになる。個々の資料に目を通して、保留か廃棄かを決めている。このような作業の蓄積を、「基準表」（残すべき文書のルール、キーワード、留意事項など）に取り組むことで、次回以降に残すべき文書が明確になり、検索前の段階で残留リストのリストにマークされることになる。[23] 選別作業の時間節約にもなり、重要な文書が見落とされる確率が減少し、残されることになる。

東北各県の東日本大震災（3・11震災）関係の資料は残したが、3・11震災数年後の熊本震災は熊本県としては残すのは当然であるが、3・11震災を受けて、熊本県が数年間にどのような地震対策に取り組んだのか、それはどのような教訓を残したのか検証できれば、貴重であると考えた。これは他の都道府県では地震という経験がすぐにはないので、当然検証できない。全国の都道府県で3・11震災に関する情報は共通で大きな差はないであろうが、熊本県で残しておけば、他県では思い切って捨てても良いはずである。また気象庁の予想も正確で、「南海トラフ」への対策とあわせて、県内では最も高い確率を出していた活断層が大きく揺れ、熊本市や「上益城」近郊の被害が甚大であった。

「化血研（化学及血清法研究所）事件」（二〇一六年）という不祥事が熊本では起きており、ワクチン製造にかかわる受精卵の流通や受注、卵の殻の統計データは事件の前後のデータは残した。同事件がなければ、卵の殻など対象外であっただろう。このように急に耳目を集める突発事故が起こるので、当然「基準表」の見直しや臨機応変な対応が必要になる。マニュアル化（「基準表」の作成）しないと手間と時間がかかるのだが、マニュアル通りではいけないということも課長や部長は認識しないといけない。新型コロナウイルス感染が二〇二〇（令和二）年度に急に増えたが、保健所の役割やインフルエンザ関係の資料にも関心が高まるだろう。かかる事態を受けて、早々二〇二〇年度の選別作業では保健所の仕事内容が記述されている文書を多めに留保した。

職員が「この資料は大切であるから残すように」と進言することも大切である[24]。たとえば職員が、この資料は後々大事になると考え、この時はこのようにする予定であったが、「大どんでん返し」があったとメモで記録し、残すように進言してほしいと思った。このような意見は基準表に「職員のメモの意見がある資料は、選別時にチェックする」という一文を入れることで、選別時に反映できる。メモで「三〇年後に公開したらどうか」と付言することもいいであろう。

最近話題になっている国の指定統計であっても、調査の実動部隊であった都道府県で集めたデータをどこまで現地で残すのか、国でどこまで残すのか、国と県の双方で残すべき統計は何か、電子データはどこまで大丈夫なのか、ネットで公開されているから廃棄していいのかなど、県と国で詰める必要がある[25]。ネットの場合、いつまで公開されているのか、担保として紙媒体とか、マイクロフィルムでもデータが保管されているのか、情報の共有をしておかなければならない。厚生労働省の手抜き問題（実際には、東京都からの負担が大きいという苦情にやむなく対応したものであろうと筆者は推測している）とされている毎月勤労統計も含め、個表の統計をどのように残すのかということも課題である。匿名にして個表をどのように研究に活用していくかということも課題である。国に渡しているから、県では残さなくていいという考え方も成り立つ一方で、熊本県にとって意義ある長期的なものは県でも持つという考え方もできる。

関連して生活保護や体罰やＤＶの聞き取り調査など個々のデータも残すといいのだが、個人情報の関係で公開することは実際難しい。生々しすぎるのは、公開ができないであろうと判断して私（三輪ゼミ大学院生）は残さない方針で対応したが、その代わりに、個人情報がない統計データは残すようにした。電子データがどこまで残っているのか、また電子データがあったとしても、紙媒体に比べて読みやすいのかという問題も重要になってくる。この判断は都道府県やその下の部局によって判断が分かれるであろう。都道府県で判断のバラツキのメリットもある。

例を掲げよう。『家畜伝染病月報』であるが、「家畜伝染性疾病発生」の状況が詳細に書かれている。千葉県の場合であるが、ネット情報によれば、月報と年報を知事部局が二〇一三（平成二五）年度分を五年間保存し、廃棄している。[26] しかしこのような貴重な記録は畜産が盛んな県では永久保存し、家畜伝染病の対策に生かせないかどうか検討すべきであろう。

農林水産省に残され、農業試験所などに情報が行き渡っていれば、当然各県で廃棄してもいいという判断が働く。国の農林水産省にデータがあったとしても、農業県である熊本県では、『家畜伝染病月報』は残し、家畜の伝染病の記録として有効に活用すべきであると考えた。「監視伝染病発生状況」は、平成一〇年次以降の『監視伝染病発生年報』と令和二年度の『監視伝染病発生月報』が、農林水産省のホームページで公開されている。(27) 統計データに関しては、国がどこまでデータを保存し、また公開しているのか、都道府県ではどこまで持つべきか、電子ベースなのか、紙ベースなのかを常に考えなければならない。(28)

私が指導している大学院生が、厚生労働省管轄下の統計データと農林水産省管轄のデータそれぞれで、国と都道府県でどのように線引きするのが良いのか、重複して保存すべき統計データは何なのかという研究を行っている。どのように判断するのか難しく、データが国によってどこまで保管されているのか、公開されているのか、その信ぴょう性はどの程度確かなのかということまで考慮しなければならない。多くの省庁が関係する様々な委託統計があるので、国の各省庁と都道府県の統計関係部局とのデータの管理の現況の研究が蓄積することで、徐々にコンセンサスが形成されていくであろう。

数野文明「諸統計の体系と統計関連資料の評価選別について」は、国の各省庁から地方公共団体に業務を委託して作成された統計関連資料の評価選別について本格的に論じている。(29) 広島県の事例が主に具体的に報告されているが、信頼度の高い調査の「歴史的価値」という点から調査の原票も残すべきではないかという数野の提言が書かれている。原票の集計結果も含めて、国と県でどこまで収集したデータを残すのか、詰めなければならない。

家畜の伝染病は、熊本県が農業県であることを踏まえ、鳥インフルエンザや豚コレラ、狂牛病、口蹄疫などの資料は、県の対応策が記録されているもの、総括的な報告はできるだけ残すように心がけた（本庁、各地域振興局）(30)。宮崎県、鹿児島県、熊本県で行われた対策は、全国の都道府県の対策への今後の指針になることを期待する。農業県ということで、鳥獣被害対策に関係する記録や文書、耕作地放棄問題、農林業の後継者育成に関する文書も目を通した。何を残すのかに関して、一点一点時間をかけて吟味した。繰り返すが、私のノウハウや取組みが他の都道府県の公文書の選別作業に貢献できればと考えている。

四　地域振興局文書の選別作業――何を残すべきか――

地域振興局が熊本にはいくつもあり、熊本県庁と地域振興局の資料の分け方はどうするのかということについては、基本的には「原局」が残すという方針で対処した。地域にとって重要な政策が纏まっていれば、地域振興局で残すべきだと考えた。前述したが、また地域の「商工会議所の要望書」「市町村長会の知事への要望書」、「連合の知事への要望書」などは当時の政策の課題が何であったのかかわかるということで、県が公文書として作成したものではなくても、貴重な記録である。これらの資料は地域振興局にも残されていた。地域振興局と本庁（市町村課）の双方で残してもいい。

大分県では知事部局の資料を吟味して残しているが、熊本県では条例に基づき地域振興局の保有する公文書もチェックが入る。大分県のやり方にも良い点があるが、熊本県のノウハウも活用いただき、地域振興局で残すものは、熊本県モデルを参考に線引きすることもできるであろう。

地域振興局で残すべきだと考えた資料は以下の通りである。これらは「基準表」に反映する必要がある。知事部局の方が、保存年限が長いために、先に地域振興局で廃棄予定リストとしてリストアップされたものもあるだろう。

「局長レク」「主要事業説明」「施策方針」「正副本部長会議」
「二役と広域本部長・地域振興局長等との意見交換会」『重点取組事業進捗報告』
「過疎地域自立促進計画」『広域本部農林（水産）部長等会議』
「市町財政状況ヒアア」「本部長会議資料」
「地域づくり夢チャレンジ推進事業」（知事部局で残しているかもしれない。蒲島知事就任時の目玉政策）

五　想定問答集、県をまたぐ広域の資料

私が残した方が良いと思った資料に議会などへの「想定問答集」というものがある。政策がよく

まとまっており、何が課題であるかよくわかる。三〇年後に公開すべきだ。ダム開発を中止して、ダムがなかったために洪水が引き起こされたというようなことが起これば、想定問答集が議会議事録とともに、政策の落ち度として糾弾されるかもしれない[31]。完璧に見通せることなどできるわけがないのだ。意図的に可能性のあることがらを悪意で行ったなら（放置したなら）、善管注意義務違反（善良なる管理者の注意義務）は免れられない。議会での想定であるので、公開する前提で策定した内容である。当然、中にはまだ公表できない内容もあるだろう。当然三〇年後まで非公開にする『想定問答集』もあるだろう。

「想定問答集　事前説明（土木関係）」であれば例えば以下のものである。想定問答には熊本県の取り組むべき課題が、コンパクトにまとめられており、どのような対策を練っていたのかよくわかる。毎年蓄積することで県の政策の変遷を跡付けることができる。

『土木部長用想定問答集』、『二役用想定問答集』、『三役用想定問答集』

事務引継資料も一括して残すというのが良いかもしれないのだが、引継ぎ関係の記録にはかなり濃淡があり、実際には現物を確認する必要がある。残さなければならないと思った例を挙げると、『企業局事務引継書』である。ダム問題などの重要懸案事項がコンパクトにまとめられて、総じて熊本県の課題がよく記述されていた。

各県をまたぐ、広域の西日本ブロック会議とか九州各県の会議をどうするのか。これも課題である。九州各県課長会議、係長会議をどうするのか。内容から判断して、例えば「課長」以上（課長会議、部長会議）は残すということで一律にすすめ、係長は内容をチェックするなどした。係長会議には、貴重な記録と貴重でないものが混ざっており、ごく一部を残すようにした。「課長会議」とか「部長会議」などの会議は一律にすべて残すようにするだけでも、貴重な記録が残ることになる。(32) 九州ブロック会議の場合、各県で役割分担をするとか主催県が主に残すとか、考える必要がある。大分県は知事が参加したものは残す方針である。(33)

六　教育委員会関係資料、農協関係資料、平成の大合併関連資料

学校日誌、職員会議録であるが、熊本県教育委員会がいかにしっかりしているのかを示すために、当初、私はサンプルとして一部だけ保留とすれば良いと考えた。県下全校で残してはどうかという意見もあり、また熊本県の行政文書等管理員会の委員から熱心な意見があり、ほとんどを保留するという方針に舵を切った。(34) 保存はどこでするのかに関しては、県教育委員会や各学校でルール化する必要がある。「学校日誌」などは各高等学校で残せば、学校史の編纂に活用できる。部活動に関する記述のある「学校日誌」や「特殊勤務実績簿」は残した。そのため学校日誌はファイルのピックアップ作業時からすべて「留保」表示にかかわった。各地域の月一度の「教育長会議」「校長会議」

は各教育事務所単位で毎年残し、各地区の教育問題への取り組み方や課題まで跡付けられると考えた。

団体支援課の中に「業務報告書」の中に農協関係の資料があった。熊本の各地域の『農協業務報告書』があり、各農協の年次別の報告書であり、時系列に取り組んだ課題がコンパクトにまとめられている貴重な記録であることがわかった。農協の資料は全国的に都道府県や市町村ではそれほど残っていないだろうから、廃棄を保留すべき貴重な記録であると判断した。メタ情報に農協関係の資料であることが書かれており、今後は継続して残すことができる。団体支援課が「原局」として作成した資料ではなく、当然熊本県が作成した報告書ではないので、当然熊本県としては本来残すべき対象の公文書ではない。しかし私の判断では、熊本県の農業政策を考えるうえでは、重要であり、残すことにした。特に農業のウェイトが大きい都道府県では、農協の年次別報告書を残すべきであろう。明日の日本農業のために残してほしい。

農協の活動や取り組んだ問題が毎年各単位で残ることで、これまでの熊本県の農業のこれまでの政策課題が何であったのかわかるし、今後への政策課題への提言に役立つであろう。リストのメタ情報の中に『○○農協業務報告書』とあるために、評価選別作業がスムーズにすすむ。

最後に一九九九年から政府主導で行われた平成の大合併（平成一一年から平成二二年）で本節を締めくくりたい。市町村合併では同じ文書が重複して残ることがある。五町村が合併すれば、五つ同じ文書が残るかもしれない。地域振興局、市町村課、知事部局も入れればさらに多くの文書が留保になるだろう。このような重複の問題も出てくる。熊本県は方針として、市町村合併の資料は残すという方針であるので、パブリックコメントのリストにあがってこない公文書も多いであろう。それを考慮すれば、第三者としてチェックする際には、極めて重要なものを留保するという姿勢で臨むのが良いと考えた。

七　文書の書き換えと真正性――北九州市教育委員会の事例――

私は七年ほど前から北九州市教育員会が体罰を組織的に隠蔽していることに気づき、市教委に関連文書を開示請求してきた。前述したが、開示請求して得られた資料を後段に掲げた。真っ黒である。

関連して、一つ明らかな例を示そう。不手際を認め、私の了解を得たということで、手続きを取らずに折尾中学校の中学校日誌を書き換えた（部活動の時間を書き込んだ）というものである。これは何を意味しているのかを考えなければならない。北九州市教育委員会では、誰にもわからないように文書を改ざんできるということを裏書きしている。ログ記録は一か月で廃棄され、検証ができないということも開示請求の結果わかった。文書の書き換えが可能な組織は、ログ記録を残さないのである。いや残せないのである。中学校日誌は紙媒体から電子化されたために、改ざんのチェックが事実上できない。部活動記録が書かれている中学校日誌や特殊勤務実績簿は貴重な記録である。永犬丸中学校の日誌は、詳細にぎっしり書かれていたが、私が開示請求するようになると、ほとんど書かれなくなった。また職員会議録の作成はされなくなった。正々堂々と立証していこうとしていく姿勢でなく、正反対の退行的な姿勢である。説明責任を果たすという発想はまったくない。

北九州市教育員会は、課長、部長、次長を一部で独占し、ローテーションさせる。組織ぐるみであれば、チェックが機能不全となり、検証できなくなる。文部科学省やスポーツ庁の部活動に関する通達(35)をはぐらかし二年間延ばした挙句、二〇一九(令和元)年三月には重い腰を上げ毎週の土日連続の部活動を原則禁止したにもかかわらず、舌の根も乾かぬうちに北九州市の永犬丸中学校と浅川中学校では、令和元年度に数クラブで土日練習が行われている。北九州市のほとんどの中学校では、文科省やスポーツ庁の通達を守らずに、二つから三つのクラブで土日練習を行っていた(36)。彼らはテスト期間中の休みを振り替えて、ルールに則っているとしている。土日連続部活動を行わせない休養日を何のために設けるのか、北九州市教育員会の指導第二課の見解を問いたいものである。熊本県でこのような部活動を行えば、中止勧告が即刻入り、部活動顧問や校長は懲戒解雇される。北九州市教育員会は「土日」と「平日」を区別するのに、相当の抵抗をした(37)。すでに熊本県では二〇〇七(平成一九)年に熊本県教育委員会が作成した『運動部活動の手引き』が広く公開されており、平日と土日祝日が区分され、一日の練習時間も平日と休日では異なり、長時間拘束される練習試合の日数が月に何日までと決められ、異常な部活動が行われないように指導し、守らせている(38)。

文科省やスポーツ庁から土日連続の部活動の禁ずる方針が示されたにもかかわらず、北九州市教育委員会は隔週という猶予期間を二年間設け、毎週の土日練習禁止に従わず、令和元年度から「平成三一年度以降の部活動休養日及び活動時間の設定について（通知）」（北九教指二第一七七号）（講末に付けた資料5-2）でようやく土日練習を禁止したが、(39)平日に振り替えればよいとし、テスト期間中の休みに振り替えるということで、土日練習を行っている。このような教育委員会は全国の教育委員会の中で北九州市教育委員会だけであろう。文科省やスポーツ庁からの実質的な骨抜きである。文科省にはこのような教育委員会があるということを知っていただきたい。体罰隠蔽を裏で主導した、また本来教職員の不祥事を監督・監視する立場であった課長は、教育次長に出世した。(40)「組織は頭から腐る」という諺の含蓄がよくわかる。

北九州市の中学校の校長の教科別割合でみると、私が開示請求した八年前から今まで保健体育と数学の二教科で過半数を占め続けている。同じ教諭による三度の体罰で訓告を受けた校長は指導二課長としてまた戻った。(41)北九州市教育委員会によれば「訓告」は処分でないそうである。北九州市教育委員会は、ブラック部活動の土日練習を繰り返している中学校クラブを、令和元年度に福岡県に表彰するように推薦し、福岡県はブラック部活動のクラブを表彰している。(42)また北九州市教育委員は教育委員会関係者を、福岡県に推薦する。開示請求したが、名前はすべて黒塗りである。

もう一つ北九州市教育委員会の事例を書く。『教育委員会議事録』などが、インターネットで公開されている場合、個人情報とか非公開会議とかいう名目でさりげなく、わからないように文章を削除している場合がある。特に教員の不祥事に関する記述である。小生、インターネットで公開されているという理由で文書を開示しなかったので、これは何かあると思って、原本を開示請求してたところ、わからないようにさりげなく相当な分量をネットで公開していなかった。[43] ネットで公開された文章を黒塗りにして、ここは非開示にしていることを示すべきである。最近では、部活動にかかわる委員会が、ネットで議事録が公開されているとして、原本を公開しなくなった。この点に関して、これ以上意見は述べない。

インターネットで公開されていても、丁寧に読み、「省略」とか「……」という表記があった場合、オリジナルを開示請求してチェックしなければいけない。開示請求しても北九州市教育委員会はオリジナルを出さずに、途中からオリジナルと称して「コピー」を出すようになった。これも改ざんである。すぐに開示せずに、延長、再度の延長で一か月半ほど開示を引き延ばし、待たされる。原本を出さずに、ネット公開された議事録の「省略」がわずか少しだけであるようなコピーが開示される。これも「真正性」とかかわってくる。[44]

北九州市は、都道府県、政令都市の中で、統一テストの平均点の結果（公表されているデータの中で）が下から数えて大体ワースト三に入っている。北九州市教育委員会は、対策を立てた「ふり」だけは熱心であるが、毎年同じ報告書を福岡教育大学に丸投げで、同工異曲の文字を並べている。[45] 単年度ではわからないが、五年一〇年と続けて読むことで、「取り組んでいる素振り」「分析したふり」という実態がはっきりとわかる。北九州市と最下位を争っていた政令都市の大阪市が、「どん尻争い」から外れ、成績が上昇した。大阪市政のトップは、教育に関しては、北九州市と比べると、比較にならないほど熱心に取り組み、全体の平均点を上げたはずである。大阪市民はこのことがいかに偉大なことか本章を読まなければわからないのではなかろうか。

まとめに代えて

今取り組んでいるのは「基準表」を見直すことであり、何が熊本県に役立つ資料なのか、熊本県の政策の変遷を知るうえで大切なのか、何が残っていないと困るのか（法的なもの）などを考え、「基準表」の改善をする必要がある。時間とコスト。日本の場合、法的に問題なければよいという意識が強いのであるが、私はこれに警鐘を鳴らすために、「A法主義」（アホウシュギ）と呼んでいる。正しくは「法律万能主義」と呼ぶべきだろうか。法律を守るのは最低限の一つの守らなければならないルールにすぎず、当然それに満足してはいけない。記録が残ることで政策がどのようになされたのか跡付けることができるという意識も大切になる。責任を果たせると同時に、今後の次の政策に活かせるし、様々な要因を考慮していたこともわかる。常に臨機応変に対応することも大切である。

存在しても、三〇年後に公開するということで文書は残るということの大切な意義を忘れてはならず、一時的な政争の材料にさらされる人災への対応策も考えなければならない。この人災の研究も怠ってはならない。存在しても公開する必要はないということも共通の理解事項である。この点があいまいなままでは、資料や記録は残らない。行政側からすれば、行政裁判になっている資料を公開することは躊躇するだろう。資料を出さないだけで、利害関係者やマスコミは糾弾するだろう。不利な材料として使われる、また政争に巻き込まれたくないと地方自治体や国の省庁が考えるのはごく自然なことだと考える。失敗は必ず起こり得る。完璧な予想など、後知恵がなければ無理である。

北九州市教育委員会の事例のように、隠蔽したり、誤魔化したりするような組織は例外である。小さなマスコミは報道してくれるが、大きな新聞社は取り上げない(46)。出来ないこと、してはいけないことの峻別があいまいにならないように、常日頃から考えなければならない。公文書は、後日公開することで、県民や国民にプラスになるようにしたことを明らかにするものだと私は考えている。それが私のスタンスである。悪事をするから、資料を公開させるという考え方には一切与することはない。北九州市教育委員会のような組織もあることは既述した通りである。

リストからピックアップし、行政ファイルの文書を一点一点考えながら、試行錯誤しながら、大学院生と一緒に目を通した。この蓄積したノウハウが、本講にはちりばめられている。一班をあげれば、「課長・部長・局長が参加した議事録を残す」とか「二役への説明文書」という網を張るだけで(「基準表」に入れ込む)、キーワード検索で指定することで、見えてくる風景が一変するだろう。熊本県モデルとして、考え方やノウハウが広く受け入れられることを夢見ている。熊本県での、熊本県の制度や第三者として熊本県の公文書を眺めた私の取組み、具体的な適用の方法のノウハウが多くの都道府県で参考になればと願い、筆を擱く。(47)

注

（1）拙論「真に重要な資料の保存を―熊本県で文書管理・廃棄を評価する立場から」（『新聞研究』二〇一七年九月、七九四号）。三〇年の間、非公開にすることの大切さを指摘した。南スーダン日報問題や森友・加計学園問題などで、公文書問題が政治問題化する中で、私に依頼原稿の話が来た。他の論者とは、まったく違うスタンスである。北九州市教育委員会の体罰隠蔽問題やブラック部活動の実態も指摘している。

（2）「秘密性が高いという尺度をもって、非公開にしてしまう」ということになり、「後世の人々に説明責任を果たす」ためにも、秘密保持のためにも三〇年は非公開にするが、政争の材料にされなくなった三〇年後に公開して、「説明責任」を果たすべきだと筆者は考える。二〇一三年一二月六日に成立した「特定秘密保護法」で三〇年間は秘密指定できるが、三〇年経過後は積極的に公開していくという姿勢が大切である。壺阪龍哉「アーカイブズの未来のための提言―現用文書におけるコンサルタントの視点からひも解く」（高山正也監修、壺阪龍哉他『文書と記録　日本のレコード・マネジメントとアーカイブズへの道』樹村房、二〇一八年、第六章、一五一ページ参照）。壺阪はコンサルタントとして、現用・半現用文書の管理にかかわってきたが、「非現用段階」では「各組織体が保有している記録」が、三〇年後、五〇年後、一〇〇年後に役立つかという「評価基準で選別することがポイントになる」と論じている（一五二ページ）。

（3）熊本県で私が残した資料で、差しさわりのない資料はないと願っている。

（4）『アーカイブズ学研究』三一号、二〇一九年、六ページ。公文書をめぐる問題事例に関しては、早川和宏監修、地方公共団体公文書管理条例研究会『こんなときどうする？　自治体の公文書管理～実際にあった自治体からの質問36』（第一法規株式会社、二〇一九年）。早川和宏の第一章に様々な不祥事が列挙されている。一一ページから一三ページに南スーダン派遣施設部隊日々報告問題が取り上げられ、文書不存在という虚偽、不適切な文書廃棄について言及されているが、「存在するが閲覧不可」にすべきであったという見方は提示されない。森友学園問題にしても、学校法人に売却された土地は、税制面で優遇されるが、土地は転売できないという制約もあわせて報道すべきである。前掲拙論「真に重要な資料の保存を─熊本県で文書管理・廃棄を評価する立場から」の中で、福原学園事件と文部省の事なかれ主義の問題点と、政治家の介入の大切さを指摘した。福原学園事件の際に、大蔵省はK銀行の不可解な動きを察し、迅速な対応を行った。

(5) ログ記録やアクセス記録は一か月間で廃棄され、追跡できない。担当者の話では、北九州市の市立病院のカルテなどは、ログ記録などは残され、改ざんできないシステムになっているとのことである。北九州市教育委員会は、自ら進んで改善していこうとしない。

(6) 「北九州市・校庭開放時の騒音に関する損害賠償請求控訴事件（福岡高判／平成30.9.27）」（地方自治判例研究会編集『判例地方自治』NO.450、令和元年一〇月、四五～六六ページ）。原告は弁護士を雇わずに経費を抑え、北九州市教育員会と複数の訴訟を継続している。裁判費用も北九州市から支払われる。ある小学校の騒音問題（土曜日、日曜日）では、最高裁まで争われているが、弁理士の方が自前で裁判費用を捻出している。弁護士を雇っていたらとても裁判の継続はできないだろうとのことであった。「今後一切応じない」と通告した（二〇一一年）指導第二課長は、後に教育次長になった。

市教委の方針に従わなかったら、主幹教諭、教頭、校長という昇格人事に影響するであろう。実際市教委に勤務した教諭の昇格合格率が高い。政令都市ではこのようなことになりやすいだろう。

(7) 拙書『目からウロコの海外資料館めぐり』（クロスカルチャー出版、二〇一九年）二ページ。

(8) イギリスの諜報機関や米国のOSS（Office of Strategic Service、後のCIA）がドイツやドイツ占領地域に送り込んだスパイの記録が公開され始めた。

(9) 南京の第二歴史档案館で汪兆銘政権関係の資料を私は一三点開示請求したが、四点しか許可されず、コピー枚数も年間で三〇枚と限られている。しかも現物は閲覧できない。PC上でデジタル化された資料を読むだけである。コピーは画素数が二〇万画素と低い。

（10）西日本新聞の記事「公文書管理　熊本にならえ」（二〇一七年六月一八日）。第三者委員会「行政文書等管理委員会」で一二〜一五年度に廃棄対象一五万一四九〇冊のうち三三四九冊（二・二パーセント）を「廃棄保留」にした。その後重複調査の結果八三五冊が廃棄に回された。

（11）鳥取県も、廃棄予定の帳簿リストを公開するという条例を定めた。西村芳将「公文書館管理条例が拓く新しい公文書館―公文書等の管理に関する条例の制定と鳥取県の取り組み―」（『アーカイブズ』四九号、一〇ページ）。楠本誠二「熊本県における行政文書管理制度」（『アーカイブズ』五二号、六八ページ）。本村慈「地方自治体における公文書の管理に関する最近の取り組み」（『アーカイブズ』四九号、四七ページ）によれば、秋田市、草津市、香川県でパブリックコメントが実施されたことが報告されている。平成二三年二四年ごろから「公文書等の管理に関する法律」を受けて、地方公共団体で条例を制定して、文書管理をすすめる動きが顕在化した。安藤福平「公文書の管理・移管・評価選別について」（『記録と史料』一〇号、二〇〇〇年、一〇ページ）によれば、二〇〇二年の時点の二〇年ほど前の調査であるが、廃棄リストがなく直接現物に当たっている県として、茨城、兵庫、広島が挙げられている。東京や北海道では選別はリスト上で行い、現物調査をしていないと書かれている。「多くの県では、あらかじめリスト上で選別を行ったうえで現物調査を行っている」と書き、「リスト調査と現物調査の組み合わせ」が「理にかなっている」と指摘している。

（12）杉本重雄は日本経済新聞にメタ情報に関する論考を投稿している。高山正也は「文書件名で検索するということになったとき、文書件名の記述が適正でなければ、検索効率が下がってしまいます」と指摘し、ファイル管理簿の文書タイトルの大切さを指摘している。国であろうが都道府県であろうが、メタ情報の大切さは同じである。高山正也「福岡共同公文書館の展望：公文書管理と公文書館の役割―福岡共同公文書館会館記念講演―」（『アーカイブズ』四九号、四〇〜四六ページ）。

（13）今回、「調査」という二文字が書かれていれば、拾い上げた。それゆえ網にかかった。タイトル（件名）の付け方は非常に大事で、私は時間をかけて調べたが、通常「調査」という件名だけであれば、見向きもされずに当然廃棄に回されることになる。

（14） 小野隆之、高石浩平「行政文書の管理に関するガイドラインについて」（『ジュリスト』No. 1419、二〇一一年、四六ページ）の中で、行政文書ファイルの内容を端的に示す、複数のキーワードを記載することや、具体的なプロジェクト名や地域名をいれることが取り上げられている。

（15）「調査」という二文字があれば、「調査」とは言えないようなファイルまで原本を閲覧した。副題に具体的な件名が入っていれば、チェックする必要がなく、時間の節約になっただろう。

（16） 鈴江英一「「内閣府『公文書等の適切な管理、保存及び利用に関する懇談会報告書』を読んで」（『記録と史料』一五号、二〇〇五年、八一ページ）の中で、「行政文書ファイル管理簿」の内容を示す表記方法であることの大切さを指摘したうえで、「保存期間三〇年以上の文書、閣議請議文書、部局長以上の決裁文書」などをすべて廃棄しないことが提案されていると書いている。これだけでも相当な文書が残るだろう。課長以上が参加した議事録とか大臣や副大臣に説明した資料も残せば、それだけで一万メートルで二周回遅れのランナーを周回遅れまで追い上げることができるだろう。政争の材料に悪用されないために、政争の材料になった場合には、公開するのは三〇年後である。担保するために、無断で廃棄した場合には、刑事罰を条例や法律で明記すべきである。

（17） 実際に資料を眺めたことからいえることは、次のとおりである。水俣病関係した資料でも、残しても意味がない資料もあれば、貴重な資料もあった。水俣病は県の条例で残すとされているので、相当な資料が残り、重複が多いだろう。ある程度捨てていかないと、反って重要な政策決定文書にたどり着く妨げになる弊害もあるだろう。残しすぎるが、やむを得ない。熊本県「熊本県行政文書等の管理に関する条例施行規則第六条第五号の知事が別に定める事項」（平成二五年四月五日告示第四四七号）。

https:/ / www1.g-reiki.net/ kumamoto/ act/ frame/ frame110010257.htm（最終アクセス日二〇二〇年一一月二〇日）。

（18） 高山正也「国立公文書館長業務引継帳余録」（『レコード・マネジメント』六六号、二〇一四年、四～一一ページ）。高山の痛烈な勇気ある国立公文書館への批判は、一読に値する。「霞が関作文」など高山節の冴えわたる名言が響き渡っている。

(19) 地下一階に大きな倉庫があるほか、地下に部屋を確保している。私は公文書館を新設するよりも、財政が厳しい以上、古い建物を利用するとか、県庁内でスペースを確保するといったやり方も一つの対処方法であると考える。熊本県では公文書館を設置していないが、この点を考察した論考に次のものがある。ぜひ参照されたい。石田耕一「地方公共団体における公文書館的機能への着目について」(『アーカイブズ』五三号、二〇一四年、二七~三三ページ)。

(20) 英国国立公文書館の廃棄選別についてはホームページで参照した。

(21) 筧雅貴「アーカイブズとして保存する文書を選び出すためのアプローチについて」(『アーカイブズ』五〇号、二〇一三年、八~一一ページ)。筑波大学の白井哲哉は、「日本では、公文書は長く公開されず、選別も行われなかったので、評価や選別の調査研究が著しく遅れている」と書いている。白井哲哉「日本の地方自治体における公文書管理制度の整備と公文書館の設置へ向けた取り組み」(『アーカイブズ』四八号、二〇一二年、三八ページ)。筆者の本講が貢献することを願う。

(22) 富山県では三年の任期で日本史、世界史の教諭が出向して選別作業に従事している。茨城県は一〇年と長いが、日本史の教諭が出向し、一旦校長とか教頭で教育現場に戻り、再び副館長などの要職で戻っている。香川県は日本史の教諭が県に出向し、継続して選別作業を担っている。文書館のスタッフが継続して行っている県もある。

(23) 鈴江英一の表現では「収集基準」と呼称している。注(16)を参照せよ。

(24) 専門的な話を挟むと、英の外交官は暫定協定案から「ハル・ノート」へのどんでん返しを記録として残した。英豪の外交文書では残っているが、米外交文書にはこの記録がない。英国の外交官は重要だと考え、記録を書き、この記録を残すべきだとメモを残し、実際に残った。証拠はないが、米国務省は、これは失敗だとして、文書を米国に都合のよいように書き換えたのであろう。

(25) 樋口雄一「公文書館資料の構成と利用について」(『神奈川県立公文書館紀要』第三号、二〇〇一年、一一ページ)。統計データは刊行物になっている場合も多く、県が作成した刊行物は、県立図書館、県立大学、県庁などでバックナンバーを揃えるべきである。樋口雄一は、「公文書館における評価と選別―原則的な考えかた―」（『神奈川県立公文書館紀要』第三号、一九九九年、三七ページ）で、「自治体によって様々で日本では統一した方法がない」ことを、「評価・選別した資料に多様性を持たせる結果」になっている側面があると評価しているが、筆者も賛成である。都道府県は産業構造が違うし、気象条件、過疎問題、離島問題など政策課題が同じであるはずがなく、凹凸があって当然で、画一的にするのは百害となる。米国国立公文書館では、刊行物は「P File」というキーワードを付けて公開されている。熊本県では当初策定した基準表から「刊行物」（所謂、灰色文書）をどうするのか記載がなかったため、刊行物は熊本県庁内で一冊は保管することにした。県立図書館や県立大学、国立国会図書館にもあるだろうが、全部ではない。この点についても調査が必要である。

(26)　http://www.pref.chiba.lg.jp/syozoku/a_bunsyo/pp/koukai/mokuroku/2013/15090/004-01-0008000.html（最終アクセス日二〇二〇年一一月八日）。

(27)　https://www.maff.go.jp/j/syouan/douei/kansi_densen/kansi_densen.html（最終アクセス日二〇二〇年一一月八日）。

(28)　争議月報の元データになる、労働争議連絡票であるが、厚生労働省に提出する「労働争議連絡票」は熊本県でも持っておくべきである。この類の国から県への委託調査や委託事項は多々ある。義務教育課の学力テストであるが、文部省主管の学力テストは廃棄にして残さないが、熊本県主管の学力テストは保存するということにした。

(29)　数野文明「諸統計の体系と統計関連資料の評価選別について」（『広島県立文書館紀要』六号、二〇〇二年、三五～七四ページ）。

(30)　インフルエンザの発生状況は各保健所からデータが送られ、その結果が感染症サーベイランスの週報や月報となっている。電子データがあるので、これも紙媒体やデータを県や保健所でどこまで残すべきなのか、残す必要がないのか、調査が必要である。二〇二〇（令和二）年のコロナウィルス感染者の増大で、地域の各保健所からの地域に密着した感染者データの重要性が認識されると同時に、感染者の発生届を手書きのＦＡＸでデータを送信している点が批判されたのは記憶に新しい。時代遅れだと批判されようが、継続した強さもある。

(31) 二〇二〇(令和二)年七月上旬の球磨川の氾濫による人吉市で多くの被害が出た。川辺川ダムが建設されていれば、洪水被害の範囲は狭まったという指摘である。今後この点の議論は盛んになるだろう。熊本県はダム関係の資料を条例で残すと決めているので、膨大な関連資料が残されているはずである。前掲「熊本県行政文書等の管理に関する条例施行規則第六条第五号の知事が別に定める事項」。

(32) 課長会議、部長会議、局長会議は、県レベルで、すべて残すべきである。これを実施すれば、政策の多くをカバーすることができ、説明責任を果たすことにつながるし、政策を跡付けることができる。会議の名称や開催年月日をメタデータとして付記すれば、PCで検索することで手に取りたい資料にアクセスが可能になる。

(33) 大分県の場合、別府大学に針谷武志教授がおられ、別府大学大学院を修了した大学院生が、県の職員として、廃棄選別を行っている。彼らは私の別府大学大学院での授業を受けているので、情報交換がスムーズにできるのも幸いした。

(34) 香川県で公文書の選別を行っている嶋田典人は、学校日誌がどの程度残されているか調査している。嶋田典人「香川県立文書館と学校アーカイブズ―よりよい保存と利活用のために」(『香川県立文書館紀要』二〇号、二〇一六年、一九〜三四ページ)など多くの論文や調査報告がある。熊本県では途中から行政文書等管理員会の委員の積極的な後押しがあり、学校日誌を全部保留することにした。

(35) スポーツ庁「運動部活動の在り方に関する総合的なガイドライン」(平成三〇年三月)、https://www.mext.go.jp/sports/b_menu/shingi/013_index/toushin/__icsFiles/afieldfile/2018/03/19/1402624_1.pdf(最終アクセス日二〇二〇年一二月一五日)。この中で平日と土日で「少なくとも一日以上」と明記された。また体罰に関しては、下記の通達がある。「体罰の禁止及び児童生徒理解に基づく指導の徹底について(通知)」(平成二五年三月一三日付け文部科学省初等中等教育局長、スポーツ・青少年局長通知)。

「中学校及び高等学校における運動部活動について」(平成一〇年三月二三日付九教保指第二八二号県教育庁通知)(平成一〇年三月二三日付北九教学保第八五一号通知)。「週二日以上休養日を設定することが望ましい」と書かれている。福岡県や北九州市の教育委員会が二〇年以上何もしなかったのか、検証すべきだろう。令和元年度時点で、現在進行形で北九州市教育委員会は骨抜きにしている。健全性と常識を失った組織の恐ろしさがよく表れている。

(36) 永犬丸中学校と浅川中学校では、二〇一九（令和元）年度に、六から七クラブが土日練習を行い、他の中学校では二、三の部活動が土日練習を公然と行っている。テスト前の平日を振替休日とカウントして、土日練習を正当化している。このようなことが北九州市教育委員会ではまかり通るのである。ごく少数ではあるが、校長によっては、土日連続の部活動を行わない、見識のある校長もいることも付言しておく。

(37) 部活動在り方委員会の人選の変遷をみればわかる。

(38) 長野県教育委員会が「朝練習禁止」を勉学の支障になると公表した際、北九州市教育委員会はできないことをやっていると嘲笑っている。中学校の保健体育の教員を採用するために、中学校の保健体育の教諭で小学校の保健体育の免許を所持している教諭を小学校に移動させ、保健体育教諭の採用枠を増やしている。

(39) 「平成三一年度以降の部活動休養日及び活動時間の設定について（通知）」（北九教指二第一七七号）、「教育長　垣迫　裕俊」名で「北九州市市立中学校　各位」で、平成三〇年一一月三〇日に出された通知。

(40) 二〇一四（平成二六）年四月一七日に二人の課長に面談したが、教育次長に出世した課長は、録音テープを意識してか、一言も音声を発しなかった。私の質問は「現場を目撃した保護者や生徒になぜ事情聴取しないのか。体罰を隠蔽している校長や顧問だけの話から、体罰でなく事故だと判断を下せるのか」というものである。録音記録は、北九州市教育委員会と私がそれぞれ録音した。録音したCDを三輪は持っている。校長は私が調べていることがわかると（八月頃）、私立高校へのスポーツ推薦（授業料免除）をすすめた。

(41) 体罰が三度もあったために、課長から校長になったAは「訓告」処分を受けたにもかかわらず、訓告は記録に残らない処分とのことで、記録はないと市教委は回答した。マスコミには、三度も短期間に体罰をした監督責任を取ったので、訓告処分を下したと話している。私が平成二八年三月三日に開示請求した「永犬丸中学校校長に対する処分に関する文書すべて」では、所属教員が平成二五年度から二七年度に三度の懲戒処分を受けたために、永犬丸中学校校長は「監督責任」を問われ、「訓告」を受けたとされている。後日、同様の開示請求をしたが、処分を受けた記録はないという返事があった。永犬丸中学校校長は三回目の体罰が発覚後すぐに教育委員会に報告せずに、「一週間が経過」して報告した。理由は黒塗りで不明である。このような校長がまた北九州市指導二課長にまた戻るのである。他の自治体なら停職か懲戒解雇に準じる処分が下るだろう。「訓告」(案)の文書は、平成二七年一二月二一日と日付がある。今回この原稿を書くために、平成二〇年一二月に開示請求したところ、「(案)」が取れ、「訓告」のコピーが開示された。開示された「平成二七年度教員職員の懲戒処分の件数」には「戒告」「減給」「停職」「免職」という区分で、「訓告」という区分はなかった。北九州市教育委員会「北九州市教育委員会における懲戒処分の指針」(平成二五年四月一日)によれば、「管理監督者としての指導監督に適正を欠いていた職員は、減給又は戒告とする」と書かれており、「部下職員の非違行為を知得したにもかかわらず、その事実を隠蔽し、又は黙秘した職員は、停職又は減給とする」とある。課長としてふたたび戻った校長は、「一週間が経過」した段階で「戒告」処分を受けてしかるべきである。

(42) この中学の校長は指導二課の課長も歴任した。

(43) ある時は、原本でなく、原本でないものを出してきた。ネットで開示しているものに瓜二つのようにしているのである。これも改ざんの変形である。

(44) 電子化が進めば進むほど、紙媒体時代とは異なり、改ざんしてもわからなくなる。北九州市では病院のカルテなどはログ記録を残し、改ざんがチェックできないようにしている。電子化された資料には「真正性」が付きまとう。日本、米国の国立公文書館は原本の請求が、資料の破損の恐れがなければ、原本の閲覧ができる。ローズベルト大統領図書館の資料は電子化が相当進んでいるが、原本の閲覧ができる。中国の第二歴史档案館は電子化されたデータしか開示されない。竹橋の国立公文書館では原本の閲覧ができる。

(45) 一年だけ一つの科目の平均点の順位が上がれば、成果が出たとして、さらによくなると解釈する。平均点の順位が落ちれば何も書かない。その繰り返しで、まったく改善していない。過去のレポートへの言及は何もない。他の教育委員会とは大違いである。他の教育委員会は校長、教頭にそれぞれ分析させ、報告書を出させ、報告書も丹念に読むだろう。立派な組織、立派なトップを持つ組織と、そうではない組織の差が歴然としている。北九州市教育委員会は報告書を作成して、その場しのぎの美辞麗句を並べ、読まないのだろう。

(46) NHK福岡のM記者は、NHKをやめたが、北九州市教育委員会に部活動の取材をした。ある記者はネットのジャーナルで市教委の惨状を取り上げネットで配信してくれた。

(47) 鈴江英一「わが国の文書館における公文書の引継移管手続と収集基準について」(北海道立文書館『研究紀要』第四号、一九八九年、一〇八ページ)。鈴江英一は、評価選別の経験の交流の大切さを指摘したうえで、「収集基準のあり方が厳格なものさしではないとすれば、評価選別にあたっての具体的な適用の方法こそが、収集の適否を左右する」と指摘している。外部の第三者としての、私の熊本県での取り組みが、「経験の交流」に役立てばと願う。鈴江英一の「収集基準」も大切な考え方で、熊本県の言葉では「基準表」になる。前掲、安藤福平「公文書の管理・移管・評価選別について」(二九~三〇ページ)は北海道、神奈川、沖縄などの「選別基準」に言及し、ケーススタディの積み重ねと成果の共有の大切さを指摘している。

課長以上が参加した、議事録を残すだけでも、相当な貴重な資料が残るだろうし、知事への各界からの要望書を残すことでも都道府県の当時の課題が何であったのかわかるだろう。

[redacted]中学校における体罰等の確認に関する聴取記録

1　聴取日時等
（1）校長　　：平成２６年２月５日（水）　９：００～１０：００
（2）[redacted]教諭：平成２６年２月７日（金）　１２：５５～１３：５０

2　聴取者
学務部教職員課 [redacted]

3　聴取内容
（1）鼓膜損傷の件
（校長）
[redacted]
（[redacted]）
[redacted]

（2）生徒の[redacted]への対応の件
（校長）
[redacted]
（[redacted]
[redacted]

（3）遠征の件
（校長）
[redacted]

資料 5-1：真っ黒の事故聴取記録①

([redacted])
[redacted]

（4）保護者会の委任状の件
(校長)
[redacted]

（5）[redacted]氏に圧力をかけるための保護者会の件
(校長)
[redacted]
([redacted])
[redacted]

（6）朝練習の件
([redacted])
[redacted]

（7）その他
(校長)
[redacted]
([redacted])
[redacted]

資料 5-1：真っ黒の事故聴取記録②

（５）の黒字は「三輪宗弘」氏である。

平成３０年１２月２１日

北九州市立中学校
　保護者　様

北九州市教育委員会
教育長　垣迫　裕俊

平成３１年度以降の部活動休養日・活動時間についてご協力のお願い

日ごろより本市の教育にご理解・ご協力をいただき、心より感謝申し上げます。
さて、教育委員会では、スポーツ庁が今年３月に策定した「運動部活動の在り方に関する総合的なガイドライン」を踏まえ、今年７月から「北九州市部活動の在り方に関する有識者会議」を定期的に開催し、本市の部活動の在り方について検討を行っているところです。

この度、「部活動休養日及び活動時間の在り方」について、成長期にある生徒の健康維持・スポーツ傷害等の予防、家庭や学校でのバランスのとれた生活、教員の負担軽減などの観点から、改めて検討した結果、平成３１年度より、下記のとおり部活動休養日等の設定を見直すことにしました。

保護者の皆様におかれましては、取組の趣旨について、ご理解とご協力をお願い申し上げます。

<u>平成３１年度以降の部活動休養日及び活動時間</u>

＜休養日設定の原則＞

１　原則、週当たり２日以上を休養日とします。

⑴　週当たり平日（祝日含む）に１日以上、土･日曜日に１日以上を休養日とします。

⑵　部活動　の状況により、平日に週当たり１日以上の休養日を設定することが困難な場合は、下記のとおり一定数以上の休養日（定期試験前や学校閉庁日等）を平日に設定することとします。
（４月～８月・・２２日以上、９月～１２月・・１７日以上、１月～３月・・１３日以上）

⑶　大会等の事情により、土・日曜日に休養日を設定できない場合は、他の日に休養日を振り替え、少なくとも週１日は休養日を設定することとします。

＜全市一斉の休養日＞

２　県内のすべての市町村で推進する学力向上の取組の１つとして、教員研修等を実施するため、毎月第３水曜日を全市一斉の休養日とします。

＜活動時間＞

３　１日の活動時間は、平日は２時間程度、土・日曜日（祝日含む）は、３時間程度とします。
（やむを得ない事情により活動時間が長時間になる場合は、予め生徒や保護者の同意を得ることとします。）

＜学校閉庁日の対応＞

４　学校閉庁日は原則、部活動休養日とします。

※　なお、文化部についても、当面、この方針に準じた扱いとします。

資料 5-2：北九州市教育委員会の保護者宛の平成31年度部活動に関する文書

読者は⑵の中の「定期試験前」に注目されたい。⑶もあわせて注目されたい。ここを根拠にして土日連続の部活動を正当化しているならば、教育者の道を踏みはずしている。

第六講　自治体史編纂から見た公文書保存

大阪大学大学院文学研究科
飯塚　一幸

一　自治体史編纂に不可欠な公文書

歴史研究者が利用する歴史資料について、二〇〇九（平成二一）年七月一日に公布された公文書管理法では、次のように定めている。

①「政令で定める研究所その他の施設において、政令で定めるところにより、歴史的若しくは文化的な資料又は学術研究用の資料として特別の管理がされているもの」（第二条四項三）
②「政令で定める博物館その他の施設において、政令で定めるところにより、歴史的若しくは文化的な資料又は学術研究用の資料として特別の管理がされているもの」（第二条五項三）
③「歴史公文書等」（第二条六項）
④「特定歴史公文書等」（第二条七項）[1]

なお、古書や私文書でも、公文書館等に寄贈・寄託され国や自治体の管理下にあるものは、公文書館法の適用対象となる点は注意を要する。(2)

本講では、このうち主に自治体史編纂と最も関係の深い③の「歴史公文書等」、つまり「歴史資料として重要な公文書その他の文書」（第二条六項）の保存と利用の現状および課題について、三十年余りにわたり自治体史編纂に携わっている筆者の経験を通して論じてみたい。

二　自治体の変遷と公文書

行政区画の変化と公文書の行方

自治体史において近現代史編を編纂する際に必ず行うのは、行政区画の変遷の確認である。廃藩置県後の一八七二（明治五）年、前年四月に制定されていた戸籍法に基づき戸籍を編成するために区が設けられた。その後次第に通常の行政も戸籍区を単位に行われるようになり、大区小区制が成立し、大区に区長、小区に戸長が置かれた。ただし、大区・小区の範囲は府県により異なり、なかには大区のないところもあった。次いで、一八七八（明治一一）年七月に公布された郡区町村編制法により、翌年新たに郡役所が設置され、その監督下に町村役場が位置付けられて戸長が行政を担った。ところが、この時も町村役場の管轄範囲は統一されておらず、数村で連合して役場を置いたり、一村単独で役場を置いたりするなど、そのあり方は府県により区々であった。こうした状況を克服して一律の行政区画となったのは、一八八四（明治一七）年五月に平均五町村、五〇〇戸を単位として連合戸長役場を置いた地方制度改正による。さらに、一八八八（明治二一）年四月に市制町村制が公布され、翌年の施行を前に三〇〇戸から五〇〇戸を標準として町村合併が実施され、いわゆる「行政村」が誕生した。この結果、近世以来の系譜を引く従来の村は、大字（区）とされたのである。

行政区画のめまぐるしい変化に伴い、公文書を保管する主体も次々と変わっていった。近世の村において、公文書は通常村役人である庄屋・名主の家に伝来した。大区小区制下で戸長が設置されると、庄屋・名主史料の一部が戸長の家もしくは戸長役場に引き継がれた（残余は旧庄屋・名主の自宅に保存）。その後戸長役場期に作成・収受した史料が蓄積され、戸長が交代すると新戸長へ一部が引き継がれた（残余は旧戸長の自宅に保存）。さらに、町村制施行時に町村役場に一部が引き継がれたが、残余は大字（区）に残り区有文書に含まれるか、もしくは旧戸長の自宅に伝来することとなった(3)。こうして、明治維新後から町村制施行時までの公文書は、庄屋・名主・戸長を務めた家、区有文書、町村役場史料の中に分かれて残存することになったのである。

右のような公文書が自治体史編纂にどこまで活かされているのか、筆者が編纂に従事した事例を通して見てみたい。まず、京都府の宮津市史編さん委員会編『宮津市史』史料編第四巻（宮津市役所、二〇〇一年）で利用した、宮津市内の大庄屋・庄屋・町名主の家文書、区有文書、旧役場文書は次の通りである。

・大庄屋・庄屋・町名主の家文書：朝田家文書、今林家文書、品川家文書、田井家文書、三上家文書、宮崎家文書

・区有文書：大島区有文書、小田宿野《おだしゅくの》区有文書、落山《おちやま》区有文書、国分《こくぶん》区有文書、上司《じょうし》区有文書、田原《たわら》区有文書、中野区有文書、畑《はた》区有文書、日置上《ひおきあげ》区有文書

・旧役場文書：上宮津村役場文書（上宮津財産区管理会が管理）、栗田《くんだ》村役場文書（地区公民館に保管）、世屋《せや》村役場文書（地区公民館に保管）、日置村役場文書（地区公民館に保管）、府中村役場文書（地区公民館に保管）、養老村役場文書（宮津市教育委員会保管）、吉津村役場文書（地区公民館に保管）、宮津市永年保存文書（宮津市制施行以前の旧宮津町と旧城東村の公文書を含む）

宮津市域では近世村の庄屋等の家文書、区有文書、町村制施行時に成立した行政町村（一町九村）の旧役場文書は、いずれも大変残存状況がよい。

筆者は滋賀県の彦根市史編集委員会編『新修彦根市史』第八巻史料編近代一（彦根市、二〇〇三年）の編纂にも関わった。彦根市史でも多数の家文書を使ったが、庄屋・町名主等の家を正確に特定できていないため、利用した区有文書と旧役場文書のみ以下に掲げる。

・区有文書：犬方《いぬかた》共有文書（滋賀大学経済学部附属史料館寄託）、大堀町自治会文書、金田町共有文書、下石寺《しもいしてら》文書（本隆寺所蔵）、下稲葉共有文書（滋賀大学経済学部附属史料館寄託）、神

明神社文書（彦根市大藪町に伝来した史料）、須越《すごし》町内会所蔵文書（須越町民会館に保管）、太《たい》堂《どう》町自治会文書、田附《たづけ》町国領共有文書、田原《たわら》町自治会文書、葛籠《つづら》町共有文書（滋賀大学経済学部附属史料館寄託）、長曾根町共有文書、西今村文書、野良田町自治会文書、東沼波《ひがしのなみ》自治会・千福財産区文書、本庄町自治会文書、南三ツ谷町自治会文書、柳川共有文書（滋賀大学経済学部附属史料館寄託）

・旧役場文書：彦根市役所稲枝《いなえ》支所文書（旧稲枝村・旧稲村・旧葉枝見《はえみ》村の行政文書）、日夏村役場文書（日夏町公民館所蔵）、高宮町出張所文書（旧高宮町役場文書）、彦根市議会文書（彦根町議会の決議録・議事録などを含む）

彦根市域の町村制施行時の新町村は一町一四村であったことから（松原村が一八九一年に松原村と北青柳村に分村したため、実質的には一町一五村）、旧役場文書には現存しないものがかなりあることになる。とはいえ、宮津市史・彦根市史の近現代編史料編の編纂に際して、庄屋等の家文書、区有文書・旧役場文書は中心的な位置を占めていた。

戦後における旧役場文書の足取り

明治の町村大合併後もたびたび行政区画は変化した。とりわけ、一九五〇年代には全国的な町村合併が実施され、行政区画は一段と広域化した。そのため、合併された自治体の旧町村役場文書の扱いが問題となった。この合併により、①新しく発足した市町村が旧町村役場文書を引き継ぐ、②旧町村役場文書が新市町村の支所等に別置される、③旧町村役場文書の多くが処分され現存しないなど、さまざまなケースがあるが、わずかしか現存せず大半が消失した場合が多い。たとえば、現在筆者が自治体史編纂に関わっている大阪府摂津市では、味生《あじふ》村は歳入出の予算・決算、事務報告書、議事録・決議録等の簿冊が継続的に残っているものの、味舌《ました》村・鳥飼《とりかい》村は欠年が多く変化を追跡することができない。旧役場文書が保存されていても、永年保存とされた歳入出予算・決算書、事務報告書、議事録・決議録等に限られている点にも留意する必要がある。

また、ポツダム宣言受諾直後の一九四五（昭和二〇）年八月一四日、参謀本部総務課長・陸軍省高級副官から機密書類焼却の命令が発せられ、師団長、聯隊《れんたい》区司令官、警察署長を経て市役所・町村役場に伝えられた。その結果、大半の市町村にはいわゆる兵事史料が残っていない。先述したように、自治体史を編纂する際、地域内の家文書は主たる史料の一つである。しかし、近世の村役人や近代の戸長・町村長・府県会議員などの家文書の多くは、第一次世界大戦後になるとほとんどが私的な文書から構成されるようになる。第一次世界大戦後について叙述しようとすると、公文書と新聞史料、様々な刊行物に依拠せざるを得ない。にもかかわらず、準戦時体制から戦時体制期の兵事史料が欠落しているために、その時期の執筆の難しさは一段と増すことになる。

ただ、全国には焼却指令を受けてもそれに応じず、兵事史料が丸ごと現存している役場文書も存在する。いくつか例を挙げてみよう。

・新潟県中頸城《なかくびき》郡和田村（『上越市史別編7　兵事資料』上越市、二〇〇〇年）
・鳥取県西伯《さいはく》郡大山《だいせん》村（『大山村役場文書目録』鳥取県公文書館、二〇〇一年）
・広島県深安《ふかやす》郡山野村（『広島県深安郡山野村役場文書仮目録』広島県立文書館、二〇〇四年、二〇〇六年・二〇一二年一部修正、二〇一五年追加寄託分公開）
・滋賀県東浅井《ひがしあざい》郡大郷《おおざと》村（吉田敏浩『赤紙と徴兵—一〇五歳最後の兵事係の証言から—』彩流社、二〇一一年、橋本陽「町村役場における兵事係の記録管理—大郷村兵事係文書を事例として—」『学習院大学大学院人文科学研究科アーカイブズ学専攻研究年報』一号、二〇一二年）
・京都府京丹後市木津《きつ》村（『京都府竹野郡木津村役場文書目録』京丹後市教育委員会、二〇一五年）

現存する兵事史料や当時の担当者の証言などを基に、兵事行政の実態に迫る研究も積み重ねられている。早いものとしては、黒田俊雄〔編〕『村と戦争—兵事係の証言』（桂書房、一九八八年）、井口和起「十五年戦争期の京都府下における軍事動員体制—峰山町立図書館所蔵「兵事関係文書」の紹介（Ⅰ）・（Ⅱ）」(4)があり、最近では小林啓治『総力戦体制の正体』（柏書房、二〇一六年）が刊行されている。また、兵事史料が焼却されずに残った役場文書の多くは、他の史料も廃棄されずに大量に現存している。町村役場史料に関する研究は、鈴江英一「『町村制』における文書管理の性格—近現代史料論としての考察—」(5)で本格化して以降、まだ日が浅い。右に列挙した村々の役場文書は、町村役場史料の研究をより深化させていくには格好の素材であることも指摘しておきたい。

平成に入り、行財政基盤の拡充を図り複雑化・高度化する行政需要に応えられる自治体の創出を目指し、政府主導でいわゆる「平成の大合併」が進められた。これにより、市町村数は一九九九（平成一一）年三月末時点の三二三二から二〇一〇（平成二二）年三月末時点の一七二七へと大きく減少した。全国歴史資料保存利用機関連絡協議会（全史料協）は、「平成の大合併」により合併される自治体の歴史公文書等が廃棄される事態を懸念し、二〇〇一（平成一三）年一一月二八日に総務大臣に宛て、「市町村合併時における公文書等の保存について（要請）」を提出した。これをうけて翌年二月一八日、総務省は自治行政局市町村課長名で各都道府県市町村合併担当部長宛に全史料協の要請文を通知し、公文書等の保存について周知するよう求めた。(6)

三　市町村における歴史公文書保存の現状

全史料協によるアンケート調査

全史料協は、「平成の大合併」による歴史公文書等の廃棄を防ぐ活動を行うとともに、二〇〇二（平成一四）年一月二四日、自治体史編纂窓口に対して「自治体史編纂に関わる歴史資料の保存状況調査について」というアンケート調査を行った。(7)歴史公文書の現状を把握し、保存していく上での課題を明らかにするためであり、市町村への総発送数は二一六三件、回答は一一四〇件であった。

このアンケートでは、「5．個人所蔵の古文書以外に、明治期以降の旧村役場で作成された行政文書などは現在残っていますか」、「6．明治期以降の行政文書について、整理作業を行いましたか」、「7．明治期以降の行政文書は、今後保存する予定ですか」という設問を設けている。

筆者が自治体史に編纂に関わった京都府と滋賀県の自治体の回答を見てみたい。

●京都府

①回答のあった一二市のうち、「旧役場文書がある」としたのは七市、「未確認だがあるはず」が一市、無回答が四市であった。「あり」と答えた七市における旧役場文書の保管場所は、旧村の自治会が一市、歴史資料館が一市、市役所が（文書課との回答を含む）二市、「地区公民館・市役所」が一市、「文化資料館、区事務所」が一市であった。

②回答のあった三二町村のうち、「旧役場文書がある」としたのは九町、「未確認だがあるはず」が二町、「なし」が三町、無回答が一八町村であった（なお、「なし」とした町のうち一町は「水害で流失」、一町は「合併時に散逸」と答えている）。「あり」と答えた九町における旧役場文書の保管場所は、役場が二町、区事務所が一町、資料館・博物館が二町、図書館が一町、町史編纂室が一町、「文書保管施設」が一町であった。

●滋賀県

①回答のあった七市のうち、「旧役場文書がある」としたのは四市、「未確認だがあるはず」が一市、無回答が二市であった。「あり」と答えた四市における旧役場文書の保管場所は、市役所

が一市、「市役所・博物館」が一市、「市役所・支所」が一市、「市役所・公民館・市史編纂室」が一市であった。

②次に回答のあった四三町村のうち、「旧役場文書がある」としたのは八町、「未確認だがあるはず」が六町、「なし」が一町、無回答が二八町村となっている。「ある」とした八町における旧役場文書の保管場所は、役場が四町、資料館・博物館が三町、町史編纂室が一町であった。

また、全史料協は二〇〇二（平成一四）年七月九日、市町村の行政文書担当に対して、「市町村合併時における公文書等の保存についての調査」と題するアンケート調査を実施した。そのアンケートでは、「2．貴市町村は、昭和から平成にかけて合併を経験していますか」、「3．そのときの合併時に、旧市町村の公文書は、保存されましたか」、「4．3で「保存している」と答えられた場合、保存場所はどこですか」との設問を設けている。

京都府では、このアンケートに答えた七市のうち「過去の公文書は保存している」と回答したのは五市、その他が一市、不明が一市であり、その保存場所は、市役所庁舎が三市、資料館が一市、市役所庁舎と資料館が一市となっている。次いでアンケートに回答した一九町のうち、町村合併を経験していないのが二町、過去の公文書を保存しているのが「一部保存」まで入れると一一町（ただし一町は「保存、廃棄」と回答）、その他が一町、不明が五町、その保管場所は、町役場の庁舎が七町、資料館が三町、書庫が一町、旧総合センターが一町となっている。

滋賀県では、このアンケートに答えた五市のうち、町村合併を経験していないのが一市、「過去の公文書を保存している」と回答したのは一市、不明が二市、無回答が一市となっている。その保管場所は市役所庁舎が一市であった。次いでアンケートに回答した二七町村のうち、町村合併を経験していないのが二町村、「過去の公文書を保存している」と回答したのが一部保存も含めて一五町（ただし「保存・廃棄」が一町）、不明が八町、廃棄が二町となっている。また保管場所は町役場庁舎が一二町、博物館・資料館が二町、図書館が一町である。

アンケートには次のような記述があり、歴史公文書保存の難しさが浮き彫りになった。

・旧村文書はかなり残っているが、廃棄扱いとなっていたものを町史の編纂過程で保管した。行政文書としては廃棄、引き継いでいないことになっている。歴史資料扱い。
・庁舎移転により、公文書の保存廃棄が平成一四年四月に既に済んでいる。
・残っているのは永年文書。それ以外はほとんどが廃棄。議事録のみだが歴史資料としての認識が低い。保管体制は事業の進行の中で検討。（以上京都府）
・一部町村分は廃棄、今回の合併の動きの中で、県下では自治体史編纂の動きが盛んになりつつある。
・一部保存以外は不明となっている。
・現在は議事録などを保存している。今後は保存の方向で検討中。（以上滋賀県）

公文書管理法公布後の歴史公文書保存

「平成の大合併」後のアンケート調査についても一つ例を挙げてみたい。公文書管理法が二〇〇九（平成二一）年七月一日に公布され、二〇一一（平成二三）年四月一日に施行された。これを受けて、二〇一三（平成二五）年度に公益財団法人東京市町村自治調査会は、東京都の多摩・島しょ地域の三九市町村に公文書管理方法に関するアンケート調査を実施した。その結果をまとめた『市町村における公文書管理方法に関する調査報告書』（二〇一四年三月）によると、非現用の公文書で歴史的に重要であると評価された資料、つまり歴史公文書を保存しているのは三二市町村で、全体の八二パーセントである。他の七自治体は保存していないと回答したわけだが、その理由としては、「歴史的重要資料の管理部門が明確でない」、「歴史的重要資料の判断ができない」、「歴史的重要資料の保存場所・施設がない」点が挙げられている。また、「歴史公文書を保存している」と答えた三二自治体のうち、公文書館あるいはそれに代わる施設・部門に移管する仕組みを有するのは七市町村に過ぎない。移管の仕組みがないため、九自治体では歴史公文書と現用文書を一緒に保存していて識別できない事態となっている。

二〇一六（平成二八）年三月二三日、公文書管理委員会（委員長宇賀克也）が「公文書管理法施行五年後見直しに関する検討報告書（案）」を発表した。そこで検討課題とされた三項目のうちの一つに「地方公共団体における文書管理について」があり、【見直しの方向性】として以下のような提言がなされている。

（情報収集・提供、実務的な課題解決への支援）

○地方公共団体における文書管理の促進に当たっては、地方公共団体ごとに文書管理の実情や住民のニーズが異なっていることを前提に、多様な形態の取組を支援していくことが重要である。地方公共団体の参考となる様々な取組の情報収集・提供や、システム整備・専門職員の不足といった実務的な課題の相談等、地方公共団体の文書管理業務について国や国立公文書館が積極的に支援し、普及・啓発を実施することについて検討すべきである。

「検討課題の確認と解決への方向性が示された段階」(8)であり、前述したように問題点がはっきりしている割には解決への道のりは遠いと言わざるを得ない。

こうした厳しい状況下にあって、この提言の内容は政令市である福岡市と北九州市を除く福岡県内の全市町村と福岡県が共同で、二〇一二（平成二四）年四月に福岡共同公文書館（福岡県筑紫野市）を設立した。同館の目的は、福岡県および県内市町村の歴史資料として重要な歴史公文書や行政資料を収集、整理、保存し、一般の利用に供することである。同館の活動は、「地方公共団体における公文書管理」の隘路を打開する一つの在り方を示すものとして注目される(9)。

四　府県行政文書と郡役所文書

府県行政文書

　自治体史の編纂には府県が有する府県行政文書も重要である。筆者が関わった前述の彦根市史の編纂が始まった時期は、九〇六八冊に及ぶ明治～昭和戦前期の滋賀県行政文書の簿冊目録と件名目録が整備され、県民情報室で公開されるようになった直後であった。おかげで史料編・通史編に滋賀県行政文書を縦横に使って執筆することが可能となった。この滋賀県行政文書は二〇一三（平成二五）年三月に滋賀県指定有形文化財（歴史資料）に指定され、二〇二〇（令和二）年四月一日に開館した滋賀県立公文書館で特定歴史公文書として管理・公開されている。また、現在では滋賀県行政文書の簿冊目録・件名目録は同館のホームページで公開されており、彦根市史編纂時からするとその利用が格段に容易になっている。

　現存する府県行政文書は、府県により量質両面でかなりの偏差がある。二〇〇二（平成一四）年五月に、京都府立総合資料館（現京都府立京都学・歴彩館）が所蔵する京都府行政文書一万五四〇七点が重要文化財に指定された。都道府県の近代行政文書としては初めての出来事である。それをうけて、筆者も研究分担者に加わって、科学研究費補助金基盤研究（B）「京都府行政文書を中心とした近代行政文書についての史料学的研究」（研究代表者小林啓治、研究期間二〇〇五～〇七年度）という研究プロジェクトを実施した。その研究成果報告書で筆者は、京都府・滋賀県・宮崎県の府県行政文書を比較しつつ、三府県の現存する量の違いを生み出した要因として、（一）文書保存規程の制定と変遷、（二）庁舎の移転・書庫整理に伴う収集と廃棄、（三）戦時中の文書疎開による紛失・廃棄、（四）敗戦後における文書の焼却処分を挙げた[10]。

　しかし、京都府庁・滋賀県庁・宮崎県庁はいずれも戦災や火災に遭っていない。府県行政文書の残存状況の偏差を生み出した要因としては、府県庁舎の戦災・火災による焼失がより重要である。石田潤一郎『都道府県庁舎―その建築史的考察―』（思文閣出版、一九九三年）に掲載されている「付録：都道府県歴代庁舎一覧」などを基に、その概要を示すと以下のようになる。

①失火・類焼による焼失：青森県（一九四五年、四六年）、秋田県（一八七三年、一九五七年）、山形県（一九一一年）、栃木県（一八八八年、一九三六年）、埼玉県（一九四八年）、千葉県（一八七四年）、富山県（一八九九年、一九三〇年）、長野県（一八七六年筑摩県庁、一九〇八年、四八年）、和歌山県（一八八八年）、島根県（一九五六年）、広島県（一八七六年）、佐賀県（一九四九年）、長崎県（一九五〇年）、熊本県（一九六三年、一部焼失、放火）

②戦災による焼失：青森県、富山県（一部焼失）、福井県、東京都、大阪府（二代目庁舎、当時は工業奨励館として使用）、兵庫県、岡山県、広島県（原爆による）、香川県、高知県、長崎県（原爆による）、熊本県、鹿児島県、沖縄県

③地震による焼失・倒壊：神奈川県（一九二三年）、鳥取県（一九四三年）

④その他：島根県（一九四五年、無条件降伏に反対する皇国義勇軍の青年グループによる松江騒《そう》

擾《じょう》事件で焼失）、長崎県（一八七四年、台風の暴風により倒壊）

もちろん、火災により府県庁舎全体が焼失したわけでない場合もかなりある。とはいえ、これだけの事例があったことを踏まえると、公文書の管理にとっていかに防災・防火が大切なのかがわかる。また、記録がはっきり残っている府県庁舎の事例から推して、全体の動向が見えにくい市役所や町村役場の庁舎においても、火災などによる公文書の滅失がかなりの量に上るものと推測される。

郡役所文書

自治体史編纂にとって忘れてならない公文書群として、もう一つ郡役所文書がある。郡役所は、府県庁と町村役場の間に存在した役所で、郡区町村編制法の制定により一八七九（明治一二）年に設けられ一九二六（大正一五）年に廃止された。この郡役所で作成された公文書で現存するものは極めて少ない。最もまとまって残っているのは奈良県であり、奈良県立図書情報館（一五三七冊）と天理大学附属天理図書館に分かれて保存されている。また、前者の一部はホームページで公開されている。

郡役所文書廃棄の経緯について京都府を例に見てみると、一九二六年の郡役所廃止時にひとまず五九三七冊を京都府庁に引き継いだが、依然として旧郡役所に二万八五〇八冊もの簿冊が残された。これらの残存簿冊について、一九二八（昭和三）年八月、各郡役所への実地調査を行い「郡役所簿冊引揚げ計画」を策定し、文書保管庫の老朽化による改築に合わせつつ整理・廃棄が進められ、一万五五七六冊を本庁へ引き継いだ。その後、さらに廃棄文書が出たため、結局一九二六年に引き継いだ分を加えて、二万三九四冊が保存された。ところが、現存する郡役所文書は二四九冊に過ぎない。郡役所廃止に伴い京都府庁に移管され保存措置が取られた郡役所文書の大半は、経緯が十分に判明しないものの、その大半が失われてしまったのである(11)。郡役所文書のたどった歴史は、公文書管理にとって行政区画の変化がもたらす危険性を示して余りある(12)。

五　自治体史編纂後の収集史料の管理・保存

収集史料の行き場

二〇一八(平成三〇)年一月、『日本歴史』第八三六号において「新年特集　自治体史を使いこなす」が組まれた。そこに収録された数多くの論稿からは、自治体史編纂を踏まえて完結後にも豊かで多様な事業が行われている様が読み取れる。その一方で、自治体史編纂で収集した史料を、編纂事業の終了後どのように管理・保存していくのか、多くの自治体で悩ましい問題となっている実情が見えてくる。もちろん、自治体史編纂をきっかけに資料館・公文書館の設立に繋げるのが理想で、自治体史編纂は「日本において最も一般的にアーカイブズ機関が設置される契機(13)」とされている。

よく知られている事例は、『横浜市史』が完結する直前の一九八一(昭和五六)年六月に開館した横浜開港資料館である。(14)しかし同館は公文書館機能を有していない。同じ神奈川県では、『神奈川県史』編纂をきっかけに一九九三(平成五)年一一月に神奈川県立公文書館が開館している。

一九九八(平成一〇)年十月に開館した長野県の松本市文書館もそうしたものの一つである。市制施行九〇周年事業として取り組まれ、同年三月をもって完了した『松本市史』(全五巻一一冊)の編纂過程で収集された資料や、各支所・出張所に保管されていた旧役場文書などを保存・活用する目的で、文書館が設立されたのである。(15)当初は松本市郊外の支所・公民館を転用していたが、二〇一四(平成二六)年九月に同市鎌田に新館がオープンして現在に至っている。

また新潟県上越市では、上越市史編纂事業終了後の二〇〇五(平成一七)年四月に公文書館準備室が設置され、二〇一一(平成二三)年四月に既存施設を利用して上越市総務管理課公文書センターを開設した。同センターには、公文書・歴史公文書とともに、一九九四(平成六)年度から二〇〇四(平成一六)年度まで行われた上越市史編纂事業で収集した古文書等の歴史資料、新上越市発足に際して編入した地域の旧町村史編纂事業で収集した歴史資料を収蔵している。(16)

自治体史編纂後に公文書管理を担当しつつ史料収集事業を継続する部署を自治体内に置いておく事例もある。たとえば大阪府枚方《ひらかた》市では、『枚方市史』完結後に教育委員会の文化財課に市史資料室を置き、①枚方市域に関する歴史資料の収集・保存活動、②市の歴史などに関する疑問に答えたり、本格的な調査・研究の補助を行ったりなどといったレファレンス活動、③資料集・『枚方市史年報』などの刊行物の発行、古文書講座の開催や講師派遣といった普及啓発活動を、継続して実施している。

しかし、多くの自治体では自治体史編纂をもって編纂室は解体し、収集した史料の行き先が問題となる。

自治体史編纂後の公文書・収集史料の管理・保存に限らず、通常の資料管理においても公文書や収集史資料の保管場所の確保に苦労している実態がある。市町村の庁舎、資料館・博物館・図書館の収蔵庫、大学等の機関における収蔵スペース、いずれの場合も保管場所の不足は深刻化する一方で、現所蔵者が保管できない事情が生じて公的機関に歴史資料を寄託・寄贈しようと思っても、その希望に応じられない状況が各地で生まれている。しかも、史資料の規模が大きくなるほど、つまりまとまった史料群であればあるほど、公的機関が対応できないのである。公文書についても、年々永年保存文書は増えるばかりであり、その収蔵スペースをどうやって確保するのか、頭を悩ませている自治体や公的機関は多い。

すでに触れた公益財団法人東京市町村自治調査会による『市町村における公文書管理方法に関する調査報告書』には、公文書管理において逼迫する収蔵スペース問題の切実さが如実に示されている。この調査報告書によると、東京都の多摩・島しょ地域の市町村に行ったアンケートで、「公文書管理全般での課題」という項目への回答で、「書庫の文書保存スペースの不足」と「文書の全体量を削減できないこと」が第一位と第二位に挙げられているのである。「書庫が満杯」の市町村が調査対象の三九自治体のうち二一自治体、「少し余裕がある」は一八自治体、「相当余裕がある」は〇であった。また、三六の市町村が「永年」という保存期間を設けていて、一定時期に保存期間を見直す仕組みを設けていない市町村が二二にも上っているため、多くの市町村ではそのまま無期限で保存を継続することになっているのだという。報告書では、このアンケート結果をうけ、「永年」保存の問題点として以下の三点を指摘している。

①誰も捨てられないので、いつまでも書庫に保存され書庫満杯の原因となる。
②現用文書のまま保存されるため、いつまでも情報公開請求の対象となる。
③歴史公文書もいつまでも公文書館に移管されないので、住民の利用に供されない。

住民や歴史研究者による歴史公文書の利用にとっても、「永年」保存問題は壁として立ちはだかっているのである。

自治体における公文書のデジタル化

公文書については、収蔵スペース問題を解決するためにその圧縮・整理・廃棄が喫緊の課題となっているが、歴史公文書の場合は別の問題も抱えており、この点は早くから認識されていた。たとえば、先にも触れた科学研究費補助金基盤研究（B）「京都府行政文書を中心とした近代行政文書についての史料学的研究」の成果報告書において、保存科学の専門家である稲葉政満は、京都府行政文書の現況を踏まえて以下のような点を指摘している。(17)

①近代行政文書は大量であり、百年の保存を行うのでさえ困難な、保存性の低い媒体と記録材料が用いられているモノも多く含まれる。

②近代行政文書において最低限残さなければいけないのは文字情報と記録画像である。記録媒体が目的とする最低限の保存期間に耐えないと考えられる場合は、代替化により残す処置を優先して行うべきである。

③その一つの方法がマイクロ化で、その場合簿冊単位でのマイクロ化が一般的であるが、簿冊中には緊急度の高いモノと低いモノが混在していて、代替化のコストがかかり、優先順位のつけ方に困難が伴うが、退色のひどい箇所などを早急にマイクロ化して情報の保全を行う必要があるだろう。

④現状ではマイクロフィルムのようなアナログ保存の方が、デジタル保存よりも安心である。紙文書やマイクロフィルムは記録としての劣化度が認識しやすいのに対し、機械可読情報は実際に再生してみないと記録の健全性は確認できない。また、再生装置のハードとソフトを数十年単位で維持することは困難であり、記録フォーマットの移行作業を常に考えておかねばならないからである。

歴史研究者では躊躇するような問題の本質に切り込む大胆な提言を含んでおり、十年以上経過した今でも傾聴すべき検討課題として真剣に吟味する必要があるだろう。

また公文書管理委員会は、先述した「公文書管理法施行五年後見直しに関する検討報告書（案）」において、【現状・課題】のなかに（デジタルアーカイブの取組）という項目を設け、次のように述べている。

○デジタルアーカイブは、歴史的な事実を文書に基づきたどっていくことを世界中のどこからでも可能にする有効な手段であり、公文書等のデジタルアーカイブズ化の取組が全国の地方公共団体において進展していくことは、日本全体として国民共有の知的資源の質の向上につながると考えられる。

公文書管理委員会は、自治体による公文書等のデジタルアーカイブ化の促進を提言したのである。

一方で、電子決済や行政文書の電子的管理についても、近年政府における検討が以下のように急速に進展している。

①二〇一〇（平成二二）年三月二六日、「電子公文書等の移管・保存・利用の具体的方法に係る方針」（内閣府大臣官房公文書管理課）

②二〇一八（平成三〇）年七月二〇日、「電子決済移行加速化方針」（デジタル・ガバメント閣僚会議決定）
③二〇一八（平成三〇）年七月二〇日、「公文書管理の適正の確保のための取組について」（行政文書の管理の在り方等に関する閣僚会議決定）
④二〇一九（平成三一）年三月二五日、「行政文書の電子的管理についての基本的な方針」（内閣総理大臣決定）

もちろん、これらの決定・方針は、「今後作成・取得する行政文書については、行政文書の所在把握、履歴管理や検索を容易にするとともに、管理業務の効率化に寄与する観点から、電子媒体を正本・原本として将来的に管理することを基本とし、そのための枠組みを構築することとする」（④）と定義されているように、あくまでも対象は「今後作成・取得する行政文書」なのであって、自治体の庁舎や公文書館、博物館・資料館などで管理されている歴史公文書には基本的に及ぶものではない。そのことを前提としつつも、総務省の調査によれば、二〇一三（平成二五）年度に七・六パーセントであった府省の電子決裁の比率は、二〇一六（平成二八）年度には九一・四パーセントに達している。早晩、この流れは地方自治体をも覆うだろう。今後どのように公文書が作成・保存されるようになるのか、日々の業務に直接関係するアーキビストだけでなく、歴史研究者も問題の所在を知るとともに考えていく責務があることは当然である[18]。

歴史公文書の劣化の進展、行政区画の変化や収蔵スペース確保の困難による歴史公文書保存の危機、デジタルアーカイブ化の進展、電子決裁や行政文書の電子的管理の普及などといった事柄が絡み合って、歴史公文書を取り巻く環境の変化は早く、新たに自治体史編纂事業を立ち上げるたびにとまどう。公文書管理の周辺にまで視野を広げると、たとえば個人情報保護との関係から、自治体史編纂において社会運動史などの分野で個人名を伏せたり叙述そのものを控えたりする傾向が見られる。また、指定管理者の管理下にある自治体の資料館などが増えるにつれて、自治体史の編纂とそうした施設との関係のあり方が問われる事態も生じている。

こうした変化が今後の自治体史の編纂や歴史研究にどのような影響をもたらすのか明確ではなく、事態の推移を今後とも注視していかざるを得ない。

注

（1）小川千代子・菅真城編著『アーカイブ基礎資料集』大阪大学出版会（二〇一五）。
（2）中野目徹『公文書管理法とアーカイブズ―史料としての公文書―』岩田書院、二〇ページ（二〇一五）。
（3）丑木幸男『戸長役場史料の研究』岩田書院、一〇・一七ページ（二〇〇五）。
（4）『京都府立大学生活文化センター年報』一三・一四（一九八八・八九）所収。
（5）鈴江英一『近現代史料の管理と史料認識』北海道大学図書刊行会（二〇〇二）所収。
（6）全国歴史資料保存利用機関連絡協議会資料保存委員会編『データにみる市町村合併と公文書保存』岩田書院（二〇〇三）。
（7）同右書。

(8) 加藤陽子「公文書管理について歴史研究者はどう見ているのか」『歴史学研究』九五四、八ページ（二〇一七）。
(9) 佐藤勝巳「公文書管理法から見えるもの」『歴史学研究』九五四、六ページ（二〇一七）。
(10) 拙稿「京都府庁文書の来歴をめぐって」（二〇〇八）。
(11) 同右論文、福島幸宏「郡役所の廃止と文書整理─京都府内の郡役所を例として─」科学研究費補助金基盤研究（B）「京都府行政文書を中心とした近代行政文書についての史料学的研究」研究成果報告書（二〇〇八）。
(12) 廿木幸男「郡役所文書の廃棄と保存」『地方史研究』三二六（二〇〇七）参照。
(13) 青木祐一「地方自治体における公文書管理とアーカイブズ」安藤正人・久保亨・吉田裕編『歴史学が問う公文書の管理と情報公開─特定秘密保護法下の課題』大月書店、一二七ページ（二〇一五）。
(14) 高村直助「『横浜市史Ⅱ』と市史資料室」『日本歴史』八三六（二〇一八）。
(15) 小松芳郎『市史編纂から文書館へ』岩田書院（二〇〇〇）。
(16) 山本幸俊「上越市史編さん事業から公文書館準備室へ」『記録と史料』一七（二〇〇七）、武石勉「開設七年目を迎えた上越市公文書センターの概要と取組」国立公文書館『アーカイブズ』六九（二〇一八）。
(17) 稲葉政満「近代行政文書の保存科学」（二〇〇八）。
(18) 下重直樹「『現代記録史料学』の必要性とその課題─電子公文書の管理をめぐって─」『歴史学研究』九八七（二〇一九）参照。

第七講　企業アーカイブズ―その歴史と現状、課題

大阪大学大学院経済学研究科
廣田　誠

はじめに

企業アーカイブズとは、営利活動を行う組織である企業（その代表的なものは株式会社）が、その活動の過程で生じた各種の記録を保存・整理・管理する組織である。その特徴をより具体的に示せば以下の通りである(1)。

企業は大小その規模はさまざまだが、モノの生産やサービスの提供などにより価値を創造し、それによって事業を継続する。このような活動を通じ社会に影響を及ぼす今日の企業には、私的な利益の追求とともに公益が強く求められる。つまり企業は私的な組織であるが、その記録や史料は社会的（公的）に貴重な遺産でもある。

このように企業にも社会的責任が問われる今日、史料を大切に扱わなければ企業はその社会的責任を果たすことができない。企業が記録や史料を適切に管理し、資料に基づき透明性を確保し説明

責任を果たすことで、はじめて今日の企業は活動の継続が可能になるのである。

一 日本におけるビジネス・アーカイブズの歴史と現状(2)

二〇一〇年代初頭の日本における企業の数は四三四万社弱で、法人格を有する組織としては最も数が多く、またそれは就業者数から見ても同様に最大で、従ってその影響力は経済のみならず、社会全般に及ぶ。このように今日の日本において組織として著しい重要性を有する企業には、アーカイブズの設置とその有効な利用が求められる。だが今日の日本では、アーカイブズの設置に関し公的機関が圧倒的に先行している(それには公文書館法や公文書管理法の制定・運用が大きく影響している)。

しかしながら一部の企業では、すでに戦前からアーカイブズが開設されていた。近世(江戸時代)の大名家では「家史」の編纂が盛んに行われたが、これと軌を一にして大商家でも家史の編纂が行われ、その際ぼう大な史料が収集された。これは明治期以降の近代企業にも影響し、社内史料の収集・管理・利用に関しては近世の大商家に起源を有する財閥系の企業グループが先行した。その代表格である三井では、経営史料の収集・保存・研究を目的として一九〇三年に三井家史編纂室が設立され、さらに一九一八年には三井文庫を設立している。同文庫は第二次世界大戦後に一時閉鎖されたが、一九六五年に再開され、記録史料が研究者一般に公開されるようになった。その後、三井文庫はビジネス・アーカイブズとしての三井文庫と、三井家の収蔵品を中心とした三井記念美術館とに機能が分化されたが、その後も三井文庫による記録史料の公開事業は着実に進展している。

また三井と同じく近世の大商家に起源を有する住友の場合、一八八七年に家史の編纂に着手、これによりアーカイブズの必要が認識され、一九一八年、家史編纂室が開設された。戦後は旧住友財閥に属した会社の共同事業として修史室が設けられ、これが一九六六年には住友修史室となり、さらに一九八五年住友史料館として新たに開館した。そこでは主に研究者を対象として記録史料が公開されている。

一方で、三井・住友と並ぶ「三大財閥」のひとつである三菱の場合、岩崎弥太郎により幕末に創業され、三井・住友に比べ組織としての歴史は浅いが、一九二二年に三菱合資会社に資料課が設置されて以降、記録史料の収集・管理が本格化し、さらにそれらは、一九三二年に財団法人三菱研究所に引き継がれた。一九九六年に同研究所に三菱史料館が併設され、一八七〇年から戦後の新三菱グループ発足までの記録史料を収集・管理している。その後のグループ各社の記録史料については基本的には各社の判断に委ねられているが、社史編纂が完了した会社の委託を受け、保存・管理を行っている。

また財閥系以外でも、歴史と伝統を誇る企業においてはアーカイブズの管理・運用が比較的進んでいる。その要因として、こうした企業では「歴史」そのものが経営資源と認識され、記録史料保存に対する社内的な合意が得られやすいことがある。たとえば月桂冠株式会社は、一六三七年の創業以来、多くの記録史料や酒造道具を所蔵してきたが、一九八〇年に社史編纂を目的としてそれらの史資料類を整理し、さらに一九八二年からは常設展示を行って会社見学者などに公開、そして一九八四年には月桂冠大倉記念館において広く一般に公開し、同年社史『月桂冠三百五十年の歩み』を、さらに一九九九年には『月桂冠史料集』をそれぞれ刊行している。アーカイブズの公開は限定的だが、酒史研究に力を注ぎ、また記録史料を広告宣伝ほかに活用しており、ビジネス・アーカイブズを「経営資源」として有効に利用している。

伝統企業のいま一つの例として、株式会社虎屋は一九七三年に虎屋文庫を開設し、虎屋黒川家文書や菓子関係史資料の保全、和菓子関連の展示などを行ってきた。現在では日々の企業活動を記した資料などにも対処しており、また収集した資料を公開し、各販売店からの利用も可能にするとともに、年間二千件に近い社内外からの問い合わせにも対応している。

以下では、以上あげたもの以外でアーカイブズの設置・運用が進んでいる日本の代表的な企業について、その歴史と現況を紹介する。

トヨタ自動車(3)

トヨタ自動車の場合も、アーカイブズ管理の歴史は『トヨタ自動車20年史』が発行された一九五八年に始まるという。この『20年史』編纂に際し、資史料の蒐集に苦労した経験をふまえ、同社では文書の保存期限が定められた。それには〝永久保存文書〟として、①定款の原本、②商業登記など登記類の原本、③人事記録に関するもの、④会社の沿革を伝える歴史的なもの、と大きく分けて四つの項目が含まれ、そのうち④には、「生産、販売、購買、設備、人員、資金等を表す経営統計、業務報告書等の文書で、業務上、又は社史の重要な資料となるもの」が〝永久保存文書〟として規定に盛り込まれた。このようにして保存文書の規定が策定されたが、その後この規定は必ずしも各職場で厳格に守られず、そのため定期的に文書の保存状況に関する実態調査やフォローを行う必要が生じた。

またトヨタ自動車では、社史として『20年史』、『30年史』、『40年史』、『50年史』が編纂・刊行されたが、その際収集した資史料の蓄積は、その後の『75年史』編纂でも大いに役立ったと言う。さらに社史に使用した写真はすべて登録し、社内各部署からの写真の貸し出し依頼に随時対応できる体制が構築された。さらにトヨタ博物館も自動車にまつわるパンフレットやカタログ類を収集・保管し、トヨタ自動車のアーカイブズの一翼を担っている。

以上のような特徴を有するトヨタ自動車のアーカイブズでは、第一に〝資・史料の可視化〟、つまり「いかなる資・史料がどのような形でどの職場に保管されているのか」を一覧化すること、第二にＩＴ技術の進展に伴い一般化したデジタル文書の収集・保存・管理が管理上の課題として残されている。

パナソニック(4)

パナソニック株式会社は松下幸之助が電気器具の製造販売会社として一九一八年三月に創業した。同社のアーカイブズへの取り組みは一九六一年に開始された。『松下電器五十年の略史』を一九六八年五月に発行、また同年三月には創業五〇周年の記念として松下幸之助歴史館を開館し、ここから創業者の思想・経営理念と社史を発信することとした。さらに一九七六年、社長直轄下の恒久的部門として「社史室」が設置された。その目的は、(1)創業者の事業観の探求と創業者精神の社内外への周知、(2)社史に関するあらゆる資料の保存管理の徹底、(3)社史編纂の各業務を担う、の三点におかれた。

以来歴史館では、(1)創業者の生涯とパナソニックの発展の歩み、(2)創業者の経営理念や志、(3)パナソニックを支えてきた商品、と三つの分野について展示を行ってきた。さらに二〇〇二年以降は、各時代の経営課題に直結するテーマを設定した特別展・企画展にも力を注いだ。また二〇一二年一二月からは事業部制の企画展示を歴史館で行ったが、これは事業部制の復活(二〇一三年四月)を後押しした。

また社史室が「事業部制の理念に関わるビデオを社員に見せたい」との社長からの要望に応えてこれをイントラネットに掲載する一方、社長がブログで歴史館での事業部制に関わる展示の見学を勧めるなど、近年ではアーカイブズに企業経営上での戦略的な価値が認められている。二〇一六年八月には社史室は歴史文化コミュニケーション室に名称を変更、コミュニケーション機能を強化した。

次にパナソニックにおける創業一〇〇周年に向けてのプロジェクトを見ると、それは以下三つの内容から成る。①一〇〇年史の編纂、②歴史資産アーカイブズシステムの構築、③パナソニックミュージアムエリア全体の活用。以下それぞれの概要を述べる。まず一〇〇年史の編纂は、創業一〇〇周年に向けて「正史」と「普及版」を編纂する事業である。そのうち「正史」は、一〇〇年間の経営の変遷を記すもので、本編と資料編から成り、本編は八〇〇頁程度、資料編は組織の変遷、職能の歴史、商品の歴史等から成る二〇〇頁程度のもので、社内に正史編纂委員会を設置、社長が委員長、ブランドコミュニケーション本部長が副委員長、委員には人事・経理・企画の各担当役員が就任し、会長もアドバイザーとして関わる。一〇〇年間の経営の変遷を冷静に記し、今後の経営判断の拠り所となる歴史書とし、また事典としても活用できることを意図している。さらにパナソニックのみならず広く日本の電機産業史研究にも資するような内容を目指している。

一方社員向けの「普及版」は二〇一八年五月に日本語版、同九月英語版と中国語版が刊行された。それは「パナソニックのアイデンティティを全社員で共有するためのツール」と明確に位置づけられた二五六頁の冊子で、第1部「商品で見る歴史」では人々の生活向上を図る商品を提供し社会とともに発展してきたパナソニックの姿を、第2部「100年の略史」では創業者の生い立ちから今日に至るまでの会社の歩みを、そして第3部「パナソニックの精神とは」ではパナソニックの成長・発展の底流に流れる創業者の経営理念や考え方を紹介している。

次に歴史資産アーカイブズシステムの構築についてであるが、パナソニックのアーカイブズが所蔵する資料には以下三種類のものがある。①創業者の経営思想と活動の記録に関するもの、②会社の沿革を伝えるもの、③各時代の事業活動を体現する代表的な商品（歴史的商品）。現在保有する資料の概数は、創業者の音声や記録映像約七千本、文書資料や写真アルバム約二万冊、エポックメーキングな商品約三千点で、これらは情報発信や調査活動のため利用されるほか、社内外の各種展示会やテレビ、映画撮影などへの貸出にも対応している。

またパナソニックのアーカイブズにおいて二〇一八年までに実施すべきこととされたのは、①創業から保管してきた歴史資産の現状の把握、②資料の劣化を遅らせる応急処置を施し、また良好な保管環境を検討整備すること、③歴史資産を永続的に収集保管するためのルールと積極的に活用する仕組みづくり、④グループ全社のアーカイブズ構築の基盤づくり、の四点で、これに基づき以下の二点が実行された。まず第一点は歴史資産の整理・分類・デジタル化で、これは先に挙げた資料を①現物保存しつつデジタル化するもの、②現物保存のみ、③現物は廃棄しデジタル化するもの、の三種類に分け管理する仕組みづくりである。そして第二点は、収集・整理・保存方針を確立し、個人の経験に頼らない管理を実現するとともに、劣化や損傷を可能な限り防止できる環境を構築することである。

また今日、パナソニックの企業アーカイブズでは、データベース化された情報が社内イントラネットに公開され、歴史館の端末よりアクセス可能で（ただし歴史館端末からのアクセスには制限がある）、その内容は以下の通りである。①創業者に学ぶ（松下幸之助大事典、経営方針発表会より、社史の原典に学ぶ、松下幸之助の生涯）、②社史を知る（社員向け一〇〇年史、正史、社史ライブラリ）、③年表、④資料を探す（社長通達、写真ライブラリ、映像ライブラリ、音声ライブラリ、歴史商品ライブラリ、ポスターライブラリ、書籍ライブラリ）、⑤広報誌を読む（社内報・給与リーフレット、販売促進用冊子、株主通信）、⑥歴史館アーカイブズ（特別展・企画展、旧歴史館）。これらはキーワード検索が可能で、「松下幸之助大事典」には三〇〇〇以上に及ぶ創業者の言葉や資料が収録され、また「年表」は写真や映像などのデータともリンクしている。さらに本データベースは社員の自宅パソコンやモバイル端末からも利用可能で、「いつでもどこでも学べる環境」を提供している。

以上のような特徴を持つパナソニックのアーカイブズは、一〇〇周年を「通過点」として以後も構築が続けられ、〝創業者の思想とパナソニックのDNAを継承し、未来の発展に貢献する情報インフラ〟となっている。

さらに一〇〇周年記念事業として、パナソニックミュージアムが開設された。これは一九六八年オープンの旧松下幸之助歴史館をリニューアルした「ものづくりイズム館」と、旧「歴史館」と全く同じデザインで新築した松下幸之助歴史館の二つの建物、さらに「さくら広場」、創業者の門真旧宅を含むエリアから成るもので、「ものづくりイズム館」は「パナソニックのものづくりのDNAを探る場所」、松下幸之助歴史館は「松下幸之助の経営者哲学を展示し創業者に出会える場所」としてそれぞれ設けられた。両館ともパナソニックが開発した、来場者のスマートフォンに好みの言語で情報を表示・ダウンロードできる多言語対応ソリューションLinkRayを導入している。

新たな松下幸之助歴史館の展示はすべて、歴史資産アーカイブズに蓄積された情報資源の再活用である。またパナソニック歴史資産アーカイブズの「松下幸之助大事典」をはじめとするデータベースには、資料の典拠に関わるメタデータに加え、キーワードを付与された「創業者のスピーチ」など膨大な量のテキストが登録されている。それらは「登録された文章や画像・動画・録音がどのような企業経営のコンテクスト（文脈、状況）において記録されたのか」を明らかにできる点で、ベストセラーとしてすでに広く流通している幸之助の紙媒体の著作にはみられない長所がみとめられている。

業績が悪化した企業では、しばしば企業アーカイブズが閉鎖され、あるいはその人員が削減される。しかしパナソニックの場合、その業績にかかわらず、創業者が残した記録を中核とする膨大な企業資料を基にする社内情報の発信が、その時々の経営課題に応じ経営をサポートしてきた。一〇〇周年事業で真に注目すべきは、経営理念に関わる記録を中心とした〝歴史資産の情報化〟にある。〝一過性のもの〟にとどまらず〝未来への発展のための情報システム基盤〟を作り上げたことこそが最も重要な取り組みで、それにより経営理念を核にした膨大な記録が、データベースを介して社内で容易にアクセスできるようになった。デジタル技術やシステム構築に経験のある人材が時宜にかなって登用され、それにより膨大な資料を特性に応じてデジタル化し、すべての社員が利用できるデータベースシステムの構築が可能となったのである。

花王株式会社(5)

花王の創業者・長瀬富郎は、花王の前身となる洋小間物商「長瀬商店」を一八八七年に創業、一八九〇年に花王石鹸の製造販売を開始した。同社のアーカイブズは現在コーポレートコミュニケーション部門企業文化情報部に属するが、その前身は『花王石鹸50年史』出版準備のため一九三六年に設置された五〇年史編輯《へんしゅう》室である。以後、一九四〇年『50年史』、一九六〇年『70年史』、一九七一年『80年史』、一九九三年『100年史』、二〇一二年『120年史』をそれぞれ刊行し、社史刊行を「インターナルブランディングにおける重視すべき活動」として位置づけてきた。花王では、社業の発展過程において過去の遺産に多大な関心を払ってきた。しかしそれが本格化したのは一九九〇年代半ばのことである。この時期はバブル経済が崩壊し日本経済が低迷した時期であり、また高度経済成長期における同社の発展を支えた社員が多数退職する〝世代交代の時期〟でもあった。さらに海外展開も拡大し、グループ社員の多国籍化のさ中でもあった。事業分野も変化し、一九九七年にはかつて世界市場で支配的地位にあったフロッピーディスク製造事業から撤退した。

このような花王において、アーカイブズはコーポレートコミュニケーション部門の主要な機能に位置づけられた。一九九五年、当時の経営幹部とコーポレートコミュニケーション部門のチームは、過去の記録や遺産に基づき〝花王基本理念〟を策定、さらにそれは二〇〇四年〝花王ウェイ〟へと進化した。またこの間コーポレートコミュニケーションチームは、経営トップの哲学を伝承する書籍の刊行にも取り組んだ。

アーカイブズが多くの資料を提供して策定された〝花王ウェイ〟は以下の内容から構成される。①使命（花王は何のために存在するのか）、②ビジョン（花王はどこに行こうとしているのか）、③基本となる価値観（花王は何を大切に考えるのか）、④行動原則（花王はどのように行動するのか）。また〝花王ウェイ〟は、創業者と歴代経営者に関する記録から引き出された〝よきものづくり〟、〝絶えざる革新〟、〝正道を歩む〟を重視している。

さらに「アジア一体運営」戦略が打ち出された二〇〇五年には、コーポレートコミュニケーションチームが〝花王ウェイ〟の普及に貢献した。同チームは「〝花王ウェイ〟研修のためのワークショップ」を開催した。これは当初、グローバル化した花王グループ内でコーポレートアイデンティティを共有するため、海外の現地法人を対象に始められ、マレーシアで試行した後、タイで本格的に展開された。まずコーポレートコミュニケーションチームがワークショップを開催してトレーナーを養成し、そこで養成された人材が以後各地でのワークショップを担った。その後は欧米諸国でもワークショップが開催され、さらに現在は日本国内で〝花王ウェイ〟普及のためワークショップが続いている。

以上に加え二〇〇七年、花王ミュージアムが開設され、従業員、経営者、取引先、顧客と全てのステークホルダーのコーポレートアイデンティティ理解を支援している。

資生堂(6)

資生堂の創業者・福原有信は一八七二年、東京・銀座に日本初の洋風調剤薬局をオープンした。一八九七年には高等化粧水オイデルミンを発売し化粧品業界に進出、一九二七年株式会社資生堂となった。資生堂に企業文化部が設置されたのは一九九〇年のことである。これは当時のトップ・マネジメントである福原義春が、企業文化を経営資産と位置づけ、会社の記録をアーカイブし管理する部署の必要性を認識したためである。この企業文化部は、既存の企業内文化施設（資生堂ギャラリー、資生堂アートハウス）の管理運営と、企業文化誌『花椿』の発行などを担当した。また一九九二年四月、創業一二〇周年の記念事業として静岡県掛川市に設置された資生堂企業資料館の運営も企業文化部の重要な事業となった。同資料館は資生堂アートハウスに隣接し、展示スペースは無料で一般公開されている。一階では資生堂の創業から現在までの歩みを紹介する常設展示に加え、創業から一〇〇年目までの商品を展示している。また二階では創業以来の広告やポスターの変遷と一〇一年目以降の商品を展示し、さらに資生堂のＣＳＲ活動や生産技術を紹介する展示も行っている。同資料館の目的は、展示を通して資生堂への関心を高め、また資生堂のファンを増やすことにある。

また同資料館では、会社の記録と、資生堂の歴史とそれに関連する情報、さらに展示物を含め約二〇万点の資料コレクションを収蔵管理しており、これらは社内外で活用される。社内での利用例としては①イノベーションに役立つ資料の提供、②新ブランド立ち上げのための勉強会への会場や資料の提供、③新入社員研修、分野別研修などへの資料提供、④文化資産マネジメントグループのメンバーが講師として〝人事研修〟を実施、⑤商標権侵害などの訴訟に際し証拠となる資料を提供する「法務支援」、⑥国内外の支社・ストアへの協力、などがある。

さらに同資料館では、アーカイブズの社外利用にも積極的に取り組み、マスコミや研究者のために資料調査を行い、また原稿を提供する「ＰＲ／広報」での利用などで大きな成果をあげている。加えて企業文化部と企業資料館は一九八〇年代以来、海外各国での展覧会に企業史資料を提供してきたが、近年の展覧会は新興国市場における支社・ストアの支援ツールとして位置づけられている。

資生堂企業文化部は、アーカイブズ管理のために専門的な訓練を受けた人材と日本的な〝ジョブ・ローテーション型人材〟を巧みに組み合わせ、キュレーション、アーカイブズ管理、刊行物の編集における経験と、業務や企業文化への理解、会社への帰属意識や愛着との間に相乗効果を生み出した。また企業文化部が一九九六年から二〇一二年まで発行していた研究紀要『おいでるみん』は、「資生堂と文化」、「化粧と文化」、「文化の伝承」、「文化発信活動」などのテーマで研究成果を公表する本格的かつ高水準の学術刊行物で、大学など外部のアカデミック・コミュニティとの連携に重要な役割を果たした。

二　現在の日本企業における企業アーカイブズが直面する課題⑺

現在の日本企業における現用文書および記録史料保存の契機と目的

以上で日本の有力企業におけるアーカイブズの歴史と現状についての紹介を終え、以下では日本の企業アーカイブズが現在直面する課題について見て行こう。まず現在の日本企業における現用文書および記録史料保存の契機と目的を見ると、それには以下のようなものが考えられる。

① 税務上法定年限保存（申告・決算書類など）によるもの。法務上の保存義務によるもの。商法（会計帳簿ほか）、証券取引法（有価証券関係帳簿）、労働基準法（労働関係帳簿）。

これらは法的に義務づけられ関連帳票や記録類を法定年限保管するもので、期限を超過したものの大半は廃棄される。しかしこの廃棄にアーカイブズ部門が関わって長期保存すべきものを選別する企業もあり、記録史料の収集・保存の契機にもなっている。

② 著作権保護、パテント、商標登録・先使用権など、訴訟対策、特許侵害、無過失の立証義務など。

これらは商権や特許などの侵害から自社の権利を守ることや、訴訟への備えを目的とする。近年は国内のみならず外国企業との訴訟も増え、法務対策の観点からもアーカイブズの充実は急務である。登録商標権に疑義が生じた際、アーカイブズから自社の商品が他社の商標登録に先んじて製造販売した記録を探し、商標登録に優越する先使用権主張の可能性を探ることもある。また自社の登録商標を管理する際に根拠となるのも自社に蓄積されたアーカイブズである。

③　国際標準規格品質管理・保証システム（ISO9000）、環境管理・保証システム（ISO14001）

近年、国際標準規格（ＩＳＯ）を取得する企業が増えている。これらには工業規格のみならず環境問題や企業行動などの規格も含まれ、当該企業が基準を達成できない場合、取引上不利益になることもある。これらの規格は生産過程などにおける記録の保全を重視するため、現用文書の確実な保存が求められる。

④　経営の参考資料

企業が新たな事業所や店舗を展開し、あるいは新商品を発売するに際し、過去の事例などの情報は経営判断の参考となり、さらに広告宣伝や商品開発などでも幅広く活用することが可能である。

⑤　社史編纂

社史の編纂史料としてアーカイブズを利用する場合である。社史の多くは三〇周年史、五〇周年史などの〝周年史〟として刊行され、また企業がアーカイブズを利用する機会として最も一般的なのも社史編纂事業である。

⑥　無自覚な記録史料の保存

業務やプロジェクトが終了し〝非現用〟となった文書や資料は、段ボール箱に入れ倉庫などにとりあえず保存されることが多い。これらの場合、保管場所の把握が出来ていないことがあり、また目録も不完全になりがちである。そのためこのような資料は、社史編纂に際しての資料調査で〝発掘〟されることが多い。

⑦ 残さない・残せない

かつてはファイリングシステムの導入に際し、積極的な資料の整理・廃棄を勧める雰囲気があり、その結果アーカイブズ化されず廃棄される資料が多かった。また社屋の移転に際し資料類の整理が全社的に行われた際にも、アーカイブズ部門が関わることなく廃棄が進められ、重要な記録史料類が失われた。なかには社屋移転に際し「原始定款」が廃棄候補となる企業もあったという。また急成長した企業の場合、記録史料の保存にまで手が回らない場合も多かった。

企業経営におけるアーカイブズの活用

企業アーカイブズの本来の意義は、事業の記録を経営資源として利用することにある。かつて企業経営におけるアーカイブズは、企業博物館や企業史料館などが収集し、もっぱら社史史料として利用されたが、現在では企業組織の中枢に企業資料室を位置づけ、積極的な広報活動の拠点として、また、社内レファレンスの情報施設としてアーカイブズの保存利用を組み込むところが増えた。

しかし今なお多くの日本の企業では、「アーカイブズ＝社史資料」と認識するものも多い。創立以来、日本のビジネス・アーカイブズの啓蒙・充実に多大な寄与をしてきた企業史料協議会の活動でも、かつては社史関連事業が重視され、毎年「会社史セミナー」が開催されていた。しかし近年では、同会もビジネス・アーカイブズの持つ他の側面に着目した企画・運営を行っている。また日本の企業では、社史担当者がそのままアーカイブズの担当者でもある場合が多い。社史の編纂事業はトップ・マネジメントの直接指揮下で全社的事業として行われる場合が多く、記録史料の収集にとっては絶好の機会でもあるから、アーカイブズの担当者は、社史編纂をアーカイブズ発展の〝戦術〟として積極的に利用すべきものと考えられる。

企業の社会的責任と企業アーカイブズ

現在の企業はさまざまな問題に直面しており、時には重大な社会的事件・事故を惹き起こすことがある。戦後日本で企業に社会的な責任を求める声は、一九六〇年代以降の「反公害」運動の中で高まったが、さらに二〇〇〇年以降は食品企業などで不祥事が続発し、市民の企業に対する監視が強まった。

本来、企業に求められるのは、利益を計上し出資者への責任を果たすこと、よき製品やサービスを通じユーザーに貢献すること、また従業員の雇用や取引先の売上げを確保することなどであるが、しかし今日の企業には、それら以外にもさまざまな責任が生じ、それらについて適切に説明できることは企業の存続要件となる。従って今日の企業アーカイブズの役割には、「企業の社会的な責任」の担保も含まれるのである。事故を起こした企業が、事故そのものの記録に加え、復旧作業や地域住民・自治体への対応などに関して作成した大量の文書や記録類をアーカイブズ化し将来へ残すことも、今日の企業に課せられた責任と言える。

三　多国籍企業のアーカイブズ

今日、企業は国境を越えて事業を展開することが日常化しており、日本企業もまたその例外ではない。このような事業経営の国際的展開は、企業アーカイブズにさらなる課題を問いかけている。以下アトキンス（二〇〇八）[8]によりこの問題を見ると、そこには(1)企業対地域社会、(2)歴史研究者対企業アーキビスト、(3)保存機関対企業アーカイブズ、(4)アメリカ合衆国対ヨーロッパ、といった対立がみられる。

企業対地域社会

国際的に事業を展開する多国籍企業は、その活動記録を「業務を管理するために作り出し、また情報を収集・組織化し管理するために莫大な資金と労力を注ぎ込んだ団体の資産」、すなわち〝企業の私的財産〟とみなし、記録に含まれる地域の社会や歴史への関心は二次的なものとする。また企業はその記録がどのように管理され提供されるかについて、多くの懸念を抱く。企業は顧客、従業員、取引先のプライバシーを保護しなければならないし、またその記録に含まれる部外秘とすべき通信も、守らねばならないからである。

一方多国籍企業の現地法人が活動の拠点とする国や地域の社会や政府機関は、それらに多国籍企業の現地法人の記録に関わりを持つ権利があると主張する。その理由は、多国籍企業の現地法人が地域社会に対し経済的影響力、しかもしばしば長期的なそれを持っているためで、また現地社会が多国籍企業に土地、資材、そして従業員を提供していること、さらに多国籍企業の現地法人の歴史が、現地法人が位置する地方や国の歴史と密接な関わりを持つこともその理由とされる。

このように多国籍企業と現地社会はともに現地法人の記録に正当な利害を持つことを主張し、それらを巡る対立をいかに調整するかは多国籍企業の企業アーカイブズにおける重要な課題となる。

歴史研究者対企業アーキビスト

歴史研究者と企業アーキビストは、ともに多国籍企業の事業記録の管理に関心を抱くが、しかしその目的はそれぞれ異なる。歴史研究者は企業が現地社会で果たした役割に関心を抱き、また企業アーカイブズが研究者に記録を提供することを求める。これに対し企業アーキビストの最大の関心事は企業への奉仕で、それゆえ企業アーキビストは、歴史研究者に所蔵資料の利用許可を与えるに際し、研究者の利益に反するさまざまな要因を考慮しなければならない。業務サービスに直接関連しない社外からの要望を扱うには時間や人的資源は限られ、また記録に含まれる私的情報、個人的情報、部外秘情報、あるいは〝ビジネスの上でデリケートな情報〟、さらには「企業記録へのアクセスを要求する外部研究者の正当性や動機あるいは公平性などに対する懸念」なども考慮しなくてはならない。そのため多くの企業アーキビストは、所蔵資料を外部の研究者に閉ざし、あるいは限定的なアクセスしか与えないのである。

保存機関対企業アーカイブズ

ある企業のアーカイブズ記録は、①企業アーカイブズに移す、と②社外の収集保存機関に移管する、の二つの可能性を持つが、社外の収集保存機関のアーキビストは「企業のアーカイブズ記録はより広範囲な閲覧希望者に対し提供されるべきだ」と考えることが多いのに対し、企業アーカイブズのアーキビストは、「アーカイブズの利用者は注意深く選定されることが不可欠だ」と考える。企業アーキビストが〝著書や論文の中で、文脈を無視してアーカイブズ記録を引用し企業を攻撃する人間〟に記録文書へのアクセスを許した場合、それはアーカイブズに対する企業経営者からの支援や資金の途絶、さらにはアーカイブズそのものの閉鎖といった結果をもたらす可能性がある。そのため企業アーキビストは、外部の研究者のアクセスよりも、企業アーカイブズの存続と発展を優先せざるを得ないのである。

さらに企業アーキビストのこうした傾向は、彼らに外部の保存機関とは異なる評価・収集戦略をとらせる。すなわち企業アーカイブズには〝マーケティング、広報、法律活動の支援に役立つ記録〟を収集する傾向があり、また企業でこれらの活動に関わる部門は企業アーカイブズのサービスを最も頻繁に利用する。一方外部の保存機関のアーキビストには、〝企業とその製品あるいはサービスに関する高次の概括的記録〟、あるいは〝その企業の全活動に関するより包括的な記録〟を選別・収集しようとする傾向がある。

米国とヨーロッパ

米国では、保存機関に与えられる資金に比べ企業活動の記録の量が圧倒的に多いため、企業の記録の収集に前向きに取り組む独立の保存機関は多くない。また米国においてアーカイブズを有する企業では「企業アーカイブズとは私的な財産であり会社の資産である」というのが一般的な見方である。

一方ヨーロッパでは、企業記録の収集に特化した独立の保存機関が多数存在し、さらに企業の記録は〝国民的文化遺産〟の一部と考えられることが常であるため、多くの場合これらの保存機関は政府の資金で運営されている。またカナダでは「企業の記録は国民的遺産の一部であり、公的保存機関がその収集方針に私的な記録を含めることは適切である」という〝全体的アーカイブズ〟の概念が国立アーカイブズと数多くの公的保存機関により採用されている。

海外現地法人の記録管理を巡る議論

以上見たように、企業と保存機関、企業と国や地域、さらには国・地域間での相違など、多国籍企業の企業アーカイブズの運営には多様な観点とその対立が認められ、多国籍企業現地法人の記録を管理する手続きを定めることは困難だが、こうした難題に回答を与えるもののひとつが国際文書館評議会（ＩＣＡ）企業・労働アーカイブズ部会の運営委員会により開発されたもの、いまひとつがクラフトフーズ社アーカイブズが行ったベンチマーキング調査である。

まずＩＣＡの企業・労働アーカイブズ部会は、企業のアーカイブズ実務、企業アーカイブズに権限を与える法律、企業の記録を収集する主要な保存機関などを国別に調査した。そのレポートは主として企業外の収集保存機関、とりわけヨーロッパの収集機関の視点から書かれ、「国民的文化遺産の一部としての企業アーカイブズ」という観点から「最高経営責任者たちがまず自分たちの記録を保持するように、次いで記録を外部の研究者に公開できるように議論を提起すべきだ」と述べ、「多国籍企業における最善の、もしくは望ましいアーカイブズ実務のための三つの基礎的指針」を以下のように提案する。

① 経営管理者は企業の記録に責任を持つ必要がある。
② 可能な限りアーカイブズ記録は作成された国に残されるべきである。
③ もしアーカイブズ記録が作成された国から移管されねばならない場合は、記録作成国の研究者に対して低コストでのアクセスが提供されるべきである。

これに対し「グローバルなアーカイブズプログラムを最大限企業に寄与すべく運営しようと試みる」企業アーキビストの観点に立つ米国クラフトフーズ社アーカイブズの委託研究は、ＩＣＡと異なる見方を示す。それは「企業内部の記録へのアクセスを外部の研究者に保障すべきか否か」は論じていない。彼らによれば、〝グローバル企業の企業アーカイブズ運営に付随する複雑性〟を克服するため、もっとも考慮すべき重要な問題は「〝集中型アプローチ〟と〝分散型アプローチ〟のいずれを選択すべきか」である。〝集中型アプローチ〟が「本部に記録を移管し、企業のグローバルな活動を示す記録を特定し、積極的に収集しよう」と努めるのに対し、〝分散型アプローチ〟では、企業にとって重要な地域や市場にそれぞれアーカイブズを設けるため、「地方的な記録」は地元に残されることになる。ヨーロッパに多くみられるアーカイブズ記録を「国の遺産の一部」と見る論者は〝分散型アプローチ〟を支持し、さらに記録を自国から持ち出すことを禁じる国の法律も〝分散型アプローチ〟を不可避とする。しかし多くの場合、〝分散型〟にはアーカイブズ記録を保管し、保存し、そしてサービスに供する基盤は存在せず、とりわけ企業が買収や再編に直面した場合にはその可能性は高まる。

このように多国籍企業のアーカイブズの運営を巡っては対立する二つの見解が認められ、そのいずれが正しいかを結論することは容易ではない。企業や国・地域の事情に応じて、それぞれの見解のすぐれた点を参考にして結論を求めるべきものと思われる。

おわりに

以上みてきたように、日本の企業では、商家や企業の歴史を編纂することをきっかけとしてアーカイブズの歴史が始まっていることが多く、そのため社史編纂と結び付けてアーカイブズの活動が理解される傾向にあった。しかし近年では、新製品開発や新事業分野への進出、事業活動のグローバル化、訴訟対策といったさまざまな経営上の課題に対応する戦略的資源として、また企業やブランドのイメージ向上や社会貢献活動の観点から企業アーカイブズを評価し、また活用しようとする動きが強まっている。

また企業アーカイブズをめぐる世界共通の問題としては、企業の立場と企業外の立場で、企業アーカイブズに求める役割が異なることがある。企業の立場からは保存された記録を外部に公開することは慎重にならざるを得ないが、他方外部の立場からは、私的企業の資料にも公的性格があり、特にそれは事業規模の大きな企業において重視されるため、可能な限り制限を廃しての公開が求められる。さらに日本企業を含め今日の企業経営において不可避の潮流であるグローバルな事業展開は、企業のアーカイブズに新たな課題を提起している。そこでは一国内以上にさまざまな立場の対立が見られ、その解決は容易ではないが、こうした問題にも常に注意を払うことが今日企業アーカイブズの運営には求められているのである。

海外における企業アーカイブズの注目すべき事例として、テキサス大学オースティン校のケースを以下に紹介する。同校のブリスコセンターには、スタンダード石油会社やソコニーバキューム社の企業資料が一括して寄贈され、利用可能となっている。また同センターはテキサスの石油や政治、産業に関する資料も多数収集しており、テキサス州における地域資料の蒐集拠点ともなっている。

注

（1）以下の記述は「企業史料ディレクトリ」（公益財団法人　渋沢栄一記念財団）https:// www.shibusawa.or.jp/ center/ dir/ index.html?gclid=EAIaIQobChMI-eC4klST7gIVhK6WCh3tMA5ZEAAYASAAEgLsF_D_BwE の解説を参考にした。

（2）以下の記述は青木直己（二〇一二）「ビジネス・アーカイブズの現状と利用―社史から地域を知る―」『国文学研究資料館紀要アーカイブズ研究篇』第一一号（通巻第四六号）を参照した。

（3）「トヨタ自動車株式会社の社史編纂の歴史とアーカイブズ」公益財団法人渋沢栄一記念財団　実業史研究情報センター、二〇一四年

（4）「パナソニックのアーカイブズ　エビデンス（証拠）で心の琴線に触れる―日本におけるウェイ、信頼、企業アーカイブズ」公益財団法人渋沢栄一記念財団情報資源センター、二〇一九年

（5）公益財団法人渋沢栄一記念財団情報資源センター　「花王アーカイブズと花王ウェイ　ビジネス環境の変化の中におけるアーカイブズと企業アイデンティティー」二〇一五年

（6）松崎裕子「資生堂のアーカイブズ　サステナビリティとトップ・マネジメント・チェンジ」公益財団法人渋沢栄一記念財団情報資源センター、二〇一六年

（7）青木直己（二〇一二）「ビジネス・アーカイブズの現状と利用―社史から地域を知る―」『国文学研究資料館紀要アーカイブズ研究篇』第一一号（通巻第四六号）

（8）エリザベス・W・アトキンス（訳・解題：財団法人渋沢栄一記念財団　実業史研究情報センター「ビジネス・アーカイブズ通信」編集部）「地方史か会社史か―多国籍企業海外現地法人アーカイブズの責任ある管理」二〇〇八年

第八講　デジタル時代のアーカイブズとアーキビスト

天理大学人間学部総合教育研究センター
古賀　崇

はじめに

日本における「デジタルアーカイブ」「デジタル・アーキビスト」の現状と留意点

本講では「デジタル」をキーワードとして、アーカイブズとアーキビストにとって修得すべき知識や課題の一端を論じる。本題に入る前に、日本で広まっている「デジタルアーカイブ」「デジタル・アーキビスト」のことば・概念の曖昧さを指摘し、これらのことばは基本的に本講では用いないことを、前提として述べておきたい。

「デジタルアーカイブ」という言葉が、国際的に見てもあいまいであることは、Theimer（二〇一五）の整理を踏まえた古賀の論考（古賀 二〇一七）でも指摘している。単純化すれば、最初からデジタル形態で作成された記録、すなわち「ボーン・デジタル」(born digital) の記録を、作成時点から保存に向けて取り扱う取り組みを指すのか、あるいはすでに紙などの形で物理的に存在する記録や資料を、デジタル形態に変換して保存・公開する取り組みを指すのか、という点のあいまいさがある。

日本の国立公文書館が、アーカイブズ業務の専門家たる「アーキビスト」の認証制度制定への準備過程で取りまとめた二〇一九年の報告書では、国内外のアーキビストや関連する資格についての養成・研修動向を提示している。その中で、NPO法人日本デジタル・アーキビスト資格認定機構が認定する民間資格「デジタル・アーキビスト」については、同機構での「文化的価値がある各種の資料をデジタル情報として保存し、広く利活用していこうとする各分野のアーカイブズ活動の普及を支援するために、アーカイブの構築・設計、デジタル情報の収集、加工、発信等に係る技術・能力を有する人材の資格」との説明に基づき、「主にデジタル情報の保存と利活用に主眼を置いた資格」と位置づけている。

ここで言う「文化的価値がある各種の資料をデジタル情報として保存し、広く利活用していこうとする各分野のアーカイブズ活動」が、日本では「デジタルアーカイブ」として広く理解されている、というのが現状と言える。

こうした意味での「デジタルアーカイブ」については、日本では内閣の「知的財産戦略本部」を中心とする政策の形成・実践や、「デジタルアーカイブ学会」などによる研究活動などが近年は活発であり、「デジタル情報（特に文化財や文化資源にかかわるもの）の保存と利活用」にかかわる入門書・解説書や実例の紹介・批評なども多く刊行されている。その例を本書巻末の参考文献に挙げておく（岡田 二〇一九、岐阜女子大学デジタルアーカイブ研究所編 二〇一九、水嶋ほか編著 二〇一六）。これらの活動やその成果も、アーキビストにとっては参照に値するのは確かだが、あくまで「すでに存在し、文化的価値が認められてデジタル化された資料の保存と利活用」という側面に視野が限られがちであることに、留意せねばならない。

以上のような日本の現状と留意点については、金（二〇二〇）が端的に以下のようにまとめているので、やや長くなるが引用しておきたい。

> 日本でデジタルアーカイブという言葉は、ある事柄についてのさまざまな種類のデジタル化情報を扱うウェブサイトを指すことが多く、一つ一つの資料をコンテンツとして扱い、利用者がサイト内で資料を検索したり、探した個別資料を自由に並べるなど、様々なツールを用いて資料を閲覧することが主な機能として考えられている。しかし、アーカイブズ資料情報の提供においては、アーキビストが資料を整理する過程で明らかになる資料の構造や伝来のようなコンテクストに関する情報を提供することが、資料利用の前提となっており、その情報と分離されたものを個別のコンテンツとして公開することは理想的ではない。そのため、アーカイブズ資料情報システムを構築する際には、アーカイブズ業務の中で付与される情報をも含むこと、また、それらの情報はシステムに用いられる用語や分類、配列にも表現されることを理解する必要があろう。

金の指摘をまとめ直すならば、アーカイブズは「一つ一つの資料」という単位で理解するのでは十分ではなく、「出所原則」「原秩序尊重の原則」といった基本原則も踏まえ、そのコンテクストに即した理解が必要となる。さらに付け加えると、文化財や文化資源として価値が認められ、ウェブサイトで広く利用できる「デジタル化情報」ないし「デジタル形態に変換された情報」に限らず、現在のさまざまな業務・活動に伴って作成されているボーン・デジタル記録をも視野に入れる必要がある。これらの点を踏まえて、デジタル時代に即したアーカイブズの構築・運営に携わることが、現在のアーキビストに求められる重要な任務のひとつである。

デジタル時代のアーカイブズとアーキビストとして認識すべきこと

アーカイブズの構築・運用にあたっては、各組織や個人・家などの業務・活動に伴って生成される記録・文書類について、その生成段階から、人為的な改ざんや事故・災害等による損傷・消滅のリスクにも留意しつつ、また金が言う「コンテクストに関する情報」の記述と提供にも留意しつつ、その保存・管理とアクセス・利用の方針と実務を考えておかねばならない。またアクセス・利用に際しては、その権限や、機密指定とその解除の期間・手続きなどにも目配りが必要である。とりわけ、官民を問わずデジタル化に即した業務を遂行する局面が広がり、またリモートワークなど働き方自体にも変化が見られる現状において、デジタル記録をどのような形態や手続きのもとで作成・管理し、適切な評価選別を経て、長期的な保存・利用につなげるか、の方策を考案し、実践できるようにしなければならない。本講では詳述しないが、とりわけデジタルの形態・環境では、動画・音声や地理情報（ＧＩＳ）・統計情報といったデータを含め、多様な形態での記録の作成や発信・流通・伝達が可能であり、どのような形態が長期的な保存・利用には望ましいか、も念頭に置く必要がある。

本講ではこうした観点から、ボーン・デジタル記録が大きな比重を占める「デジタル時代」において、アーカイブズとアーキビストとしていかに対処すべきか、について、主要なポイントを挙げておきたい。

一 デジタル記録の管理と公開において考えるべき枠組み

主な国際標準（規格）

まず、デジタル記録を文書館やアーカイブズで扱える対象とするために、すでにいくつかの国際標準（規格）が制定されていることを意識しておく必要がある。この項で取り上げる標準（規格）は、読者になじみのないものが多いかと思うが、例えば各組織の活動において環境保全を保障するための国際標準たるISO14000シリーズが日本でも広く浸透しているのと同様に、以下の標準（規格）も海外と同じレベルで公文書管理ないし記録管理の業務を行うのに理解が必要である。加えて、文書館・アーカイブズとして記録管理ないし情報管理のシステムを導入する際に、後述する「要

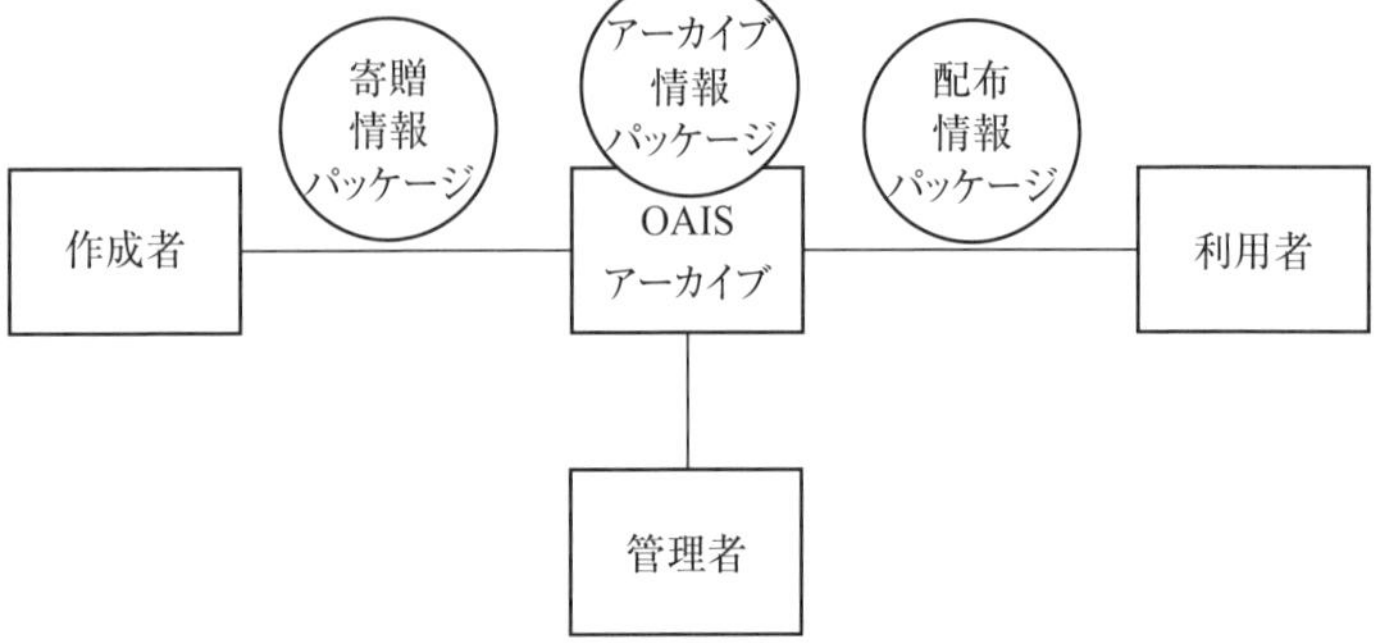

【図 8-1】OAIS 参照モデルにおける各要素の概略図[(1)(2)]

求仕様」の策定において、これらの標準を反映できるように努めることも求められる。

・OAIS参照モデル

まず、「デジタル情報保存の仕事を定めた（これらの仕事をこなせばデジタル情報の保存は達成できる、という仕事を定めた）国際標準」として、OAIS（Open Archival Information System）参照モデルが存在しており、ISO14721（二〇〇三年策定、二〇一二年改訂）として規格化も成されている（後藤 二〇一〇）。

OAIS参照モデルについては後藤（二〇一〇）のほか、いくつかの紹介が日本でも成されているが、ごく簡単には、橋本が図8・1にまとめている通りである。このモデルの要点を簡潔かつ的確にまとめているのは、東京国立近代美術館フィルムセンター（現・国立映画アーカイブ）が「BDCプロジェクト（映画におけるデジタル保存・活用に関する調査研究）」の一環として発信したブログでの紹介であり（NO二〇一六）、以下、このブログの記述に主に依拠して説明したい。

ＯＡＩＳ参照モデルの前提となるのは、「デジタル情報はビット情報を維持するだけでは不十分であり「将来にわたって保存対象の意味を理解できること」を保証してこそ長期的な保存が実現」する、という現状である。そのため、このモデルではコンテンツ（保存対象）本体だけでなく、以下のような情報についても定義づけを行っている。

・コンテンツに意図しない変更がされていないことを示す不変性情報
・コンテンツがどういった変遷を辿っているかを示す来歴情報
・コンテンツや環境の関係を示すコンテクスト情報
・どのようにコンテンツができているかを示す表現情報

そして、「長期保存を実現しつつ後の世代でも再生可能である情報のまとまりを「情報パッケージ」と呼称し、情報パッケージをシステム全体として取り扱うことがＯＡＩＳ参照モデルの特徴の1つ」とされる。こうして、作成者・管理者・利用者の間での「情報パッケージ」のやり取りと、管理者がつかさどっている「ＯＡＩＳ＝オープンアーカイブ情報システム」でを含めた、やり取りの中での要素が、ＯＡＩＳ参照モデルに示されるのである。なお、ここでいう「オープン」とは、一般公開という意味ではなく、アーカイブのシステムをめぐる取り決めが公開の場で議論される、という意味である。ここでいう情報パッケージは、以下のように大別される。

・寄贈情報パッケージ

作成者がアーカイブに渡す電子データのパッケージ。どのような形態や条件に基づきパッケージを渡すかについては、作成者と管理者との間での協議に基づく。

・アーカイブ情報パッケージ

アーカイブが管理する際のデータのパッケージ。長期保存に適した状態での管理が前提であり、また保存のためのメタデータも付与される。

・配布情報パッケージ

利用者が閲覧する際の電子データのパッケージ。ここでは画像等のデータの圧縮など、閲覧に適したフォーマットが採用される場合がある。

なお、デジタル情報の「アーカイブ」または「リポジトリ」に必要な要件を定めたチェックリストとして、TRAC（Trustworthy Repository Audit & Certification : Criteria and Checklist）が二〇〇七年に刊行され、これも二〇一二年にISO16363として国際標準化がなされている。

・ISO15489とJIS X 0902-1

記録の作成から、現用段階での管理、そして非現用段階での保存と利用に至るまでの取り組みは、主にオーストラリアの関係者の考えに基づき、「レコードキーピング」と呼ばれる。この考えの概要や背景は、マケミッシュらの著作の日本語訳に詳しく示されている（McKemmish ほか編 二〇一九）。

現用の記録管理を主な対象としつつ、レコードキーピングをも射程に入れた国際標準として、オーストラリアでの国家標準（AS4390 一九九六年策定）をもとに二〇〇一年に定められたのが、ISO15489-1（Information and documentation—Records management—Part 1: Concepts and principles）である。このＩＳＯは二〇〇六年に、JIS X 0902-1「情報及びドキュメンテーション—記録管理—第1部：総説」として国内標準化されている。その後、記録のデジタル化の進行をより反映する形で、ISO15489-1 は二〇一六年に改訂され、JIS X 0902-1 も同様に二〇一九年に改訂された。

ISO15489 および JIS X 0902-1 の初版からの特色として、「記録管理ないしレコードキーピングの目的のひとつとして、説明責任（アカウンタビリティ）を明確に掲げたこと」が挙げられる。また、これらの改訂版では、記録の長期的な保存と利用を保障するために、「記録の移行（マイグレーション）と変換」について、より重点的な説明を行っている。なお、このＩＳＯとＪＩＳの改訂版の概要については、西川の論考（二〇二〇）などを参照いただきたい。

・その他

これら以外にも、デジタル記録をアーカイブズとして扱うためのさまざまな国際標準が存在する。特に近年の日本で導入が進んでいるのは、ウェブ上の画像などのデジタル化情報の閲覧や利用について、個々の閲覧用システムの違いを問わず相互運用・アクセスを可能にする、IIIF(International Image Interoperability Framework　トリプルアイエフ)という国際的な枠組みである。これを含め、後述する国立公文書館の『標準仕様書』も参照しつつ、どのような標準を自館のシステムに取り入れ、また次項で説明する「要求仕様」ないし「仕様書」に反映させるべきか、検討が求められる。

要求仕様と調達

さて、公文書管理や記録管理にかかわる情報システムの導入・運用にあたり、要求仕様ないし仕様書と調達のあり方を考えなければならない。

公文書館にとどまらず、政府・自治体ほか公的機関、また民間団体も含め、多くの組織の場合、コンピュータ・システムや、それを組織の内外で接続するためのネットワーク・システムは、自前で構築することはできず、外部の専門業者のシステムを導入することになる。これらのシステムに限らないが、こうした外部からの物品・サービスの確保のことを「調達」あるいは「外部調達」と呼ぶ。政府・自治体ほか公的機関がかかわる調達業務は、特に「公共調達」や「政府調達」と呼ばれるが、この際、不正競争や汚職の防止、性能の確保、公的財源の効率的・効果的活用といった観点で、さまざまな手続きが必要となる。特にコンピュータ・システムやネットワーク・システムなどの情報機器に関し、スムーズな調達を行うために重要な役割をもつのが、「要求仕様」の策定と公示である。

公共調達などの調達業務において、特に一定の金額以上の物品・サービス調達を行う場合、「これだけのスペック（性能）や要件を満たすシステムを用意して欲しい」という事柄を定めた「要求仕様」ないし「仕様書」を、発注元（システムを導入する機関）として作成・公表し、「入札」あるいは「競争入札」の告示を行うのが通例となる。この告示を経て、外部の業者からの応募（応札）を受け、応札内容に対しては、発注元として金額面および性能面を考慮し、採用する業者を決定する（落札）、という手順が取られる。

ただし、要求仕様の内容が適切に書かれていない（あるいは発注元として、コンピュータ・システムの詳しい内容が分からない）ため、「金額は安いが性能が伴わないシステム」が導入されてしまう場合、またセキュリティをめぐる問題が発生する場合がある。こうした状況を招かないように、発注者側としても、ある程度は「コンピュータとネットワークの基礎」を理解し、要求仕様に反映しておく必要がある。

ごく簡単ではあるが、組織における情報ネットワークの導入・運用に際しての「必要な5項目」として、二村は以下のものを挙げ、「要求仕様書はa．b．c．の検討を済ませた後、d．の段階で作成する」と述べている（齋藤・二村編著 二〇一二の「6　館内ネットワークの仕様、仕様書」より。カッコ内は筆者が補足）。

a．目的を確認する

b．そこに何を流すかを着想する（業務レベル、利用者レベルなどのアクセス権限にも注意）

c．ノード（ネットワークにおける結節点）を認識する

d．空間的配置をレイアウトする

e．実際につなぐ

なお、日本では図書館司書資格のための必修科目のひとつとして「図書館情報技術論」が設定されており、この科目のための教科書も複数刊行されているので、そこでの内容を「アーカイブズのための情報システム」に当てはめて考えるのも可能だろう。ただし要求仕様や調達について明確に解説した「図書館情報技術論」の教科書は、管見の限り、齋藤・二村編著（二〇一二）しか存在しない。

さらに言えば、国・地方を問わず、日本の公的機関における情報システム調達、ないし「ＩＴ調達」については、「金額に見合わない性能」「高額のシステムに対する利用頻度の著しい低さ」など、さまざまな問題点が指摘されている。こうした事例について考察した近年の論考の例として、金﨑（二〇二〇）と清水（二〇一二）のものが挙げられる。アーカイブズにおける要求仕様策定と調達については、次項で述べる、国立公文書館が公表している『標準仕様書』とも合わせ、よりよいあり方を考える必要がある。

標準仕様書の例

本講冒頭で述べたような、「文化的価値がある各種の資料をデジタル情報として保存し、広く利活用していこうとする各分野のアーカイブズ活動」という観点での「デジタルアーカイブ」に近いものの、日本では国立公文書館が、国内の各公文書館等に向けて、『公文書館等におけるデジタルアーカイブ・システムの標準仕様書（平成三〇年三月改訂）』を作成・公表している。同館はこの『標準仕様書』につき、すでに二〇〇九（平成二一）年に作成し、二〇一二（平成二四）年に一部改訂を行っているが、最新の二〇一八（平成三〇）年版（以下、平成三〇年版のものを『標準仕様書』として記す）では、以下の三つのレベルに分け、標準仕様の項目を提示している。

・基本的な構成
公開データを扱う上で最小限必要と考えられる機能からなるデジタルアーカイブ・システムの構成
・標準的な構成
公開データ及び非公開データの両方を扱う上で最小限必要と考えられる機能からなるデジタルアーカイブ・システムの構成
・発展的な構成
「標準的な構成」に加えて、推奨機能及び付加的価値のある機能を含むデジタルアーカイブ・

システムの構成

後述するように、目録データであれ、あるいは文書・画像・音声などをデジタル化したもの（この『標準仕様書』では「デジタルコンテンツ」と呼ぶ）であれ、広く公開できるものと、非公開（組織の中でも公開・非公開のレベル分け、言い換えれば「アクセス権限」の設定が必要となる）として扱うべきものの違いが、この『標準仕様書』にも反映されている。

まず、この『標準仕様書』は前提として、各公文書館等に対し、デジタルアーカイブ・システムの導入の意義について、以下のように述べている。

公文書館等にデジタルアーカイブ・システムが導入されることで、公文書等の目録データやデジタルコンテンツは、「いつでも」「どこでも」「誰でも」「自由に」利用することが可能となる。また公文書館等においては、デジタルアーカイブ・システムを導入し、横断検索連携等を実現させることで、情報発信力の強化や所蔵資料の利活用促進が可能となる。

この『標準仕様書』が「デジタルアーカイブ・システムの標準仕様項目」として定めるもののうち、主な項目を以下に掲げておく。

・目録データ・デジタルコンテンツの準備
・目録データ・デジタルコンテンツの登録と管理
・利用者向け機能
検索機能、デジタルコンテンツ閲覧機能、ユーザ・インターフェース
・利活用の促進
横断検索機能、一括提供機能、外部提供インターフェース、永続的アクセス、ライセンスの表示
・利用者支援
システムの利用案内、レファレンス機能
・業務向け機能
利用状況の把握機能、閲覧業務関連機能
・システム環境
・セキュリティ
ウイルス対策、外部攻撃への対策、不正アクセス対策
・システム運用
運用・保守、バックアップ機能、システム監視機能、データ移行
・性能要件

この『標準仕様書』には、具体的な仕様項目や、適用できる国際標準あるいは事実上の標準（デファクト・スタンダード）について多くのものが提示されているので、詳細はこの『標準仕様書』の本文を、実際に国立公文書館のウェブサイトを通じて確認いただきたい。その上で、どのような機能や標準が、アーキビストや利用者らのために必要となるか、また自館では「基本的な構成」「標準的な構成」「発展的な構成」のうち、どのレベルのものを採用できるか（必ずしも各々の構成レベルにはきちんと適合できないかもしれない）を検討して欲しい。

もっとも、情報技術や、それにかかわる標準については、「更新」「陳腐化」の速度が著しい、という点も考慮しなければならない。具体的には、コンピュータのシステム、またそこで用いられているソフトウェアやハードウェアについては、頻繁な「バージョンアップ」が行われている現状がある。特に、コンピュータを作動させるための基本的なソフトウェアであるオペレーティング・システム（ＯＳ）、具体的にはWindowsやiOSなどがバージョンアップすると、古いハードウェアやソフトウェアだと対応できない、という場合が多い。また、さまざまな情報機器を接続するしくみ（ノード）も変化が激しく、従来であればプリンタやモニターといった出力機器は専用のコードや接続口（ポート）を通じて接続していたものの、近年ではWi-FiやBluetoothといった無線での接続のしくみが普及している。

加えて、利用者がインターネット（ウェブ）を経由して検索を行う場合、現在はスマートフォンやタブレットを経由しての利用が増えており、アーカイブズに関するウェブ上の検索システムも

【表 8-1】利用者区分と利用可能な機能[3]

利用者区分		利用登録	アクセス認証	利用者権限設定 データ検索・閲覧 公開データ	利用者権限設定 データ検索・閲覧 非公開データ	利用者権限設定 データ登録・修正	利用者権限設定 修正履歴操作	利用者権限設定 利用者管理
一般利用者		×	×	○	×	×	×	×
内部利用者	組織内利用者	○	○	○	○	×	×	×
内部利用者	資料整理者	○	○	○	○	○	×	×
内部利用者	資料管理者	○	○	○	○	○	○	×
内部利用者	システム管理者	○	○	○	○	○	○	○

※転載にあたり、出典元（注 3）での左列の「学内利用者」を、「組織内利用者」に言い換えている。

「レスポンシブデザイン」という、ＰＣとスマートフォンやタブレットの両方に対応できるインターフェース（見た目）を採用する必要性が高まっている。

このように、システムを管理する側、また利用する側の双方において、新たな情報環境・技術環境に適したシステムを導入するために、その都度、新たな「調達」や、そのための「要求仕様」策定が必要となる。

アクセス権限の設定

電子的なアーカイブズシステムを構築し、利用に供する際には、管理者や利用者の区分と、データの登録・閲覧・修正という行為レベルの双方に目を向け、「アクセス権限」を設定する必要がある。その前提としての「利用登録」も含め、アクセス権限設定のための整理の一例として、清水（二〇〇九）が京都大学大学文書館での所蔵資料検索システムの導入・構築に基づき紹介した事例を挙げておきたい。この要点は表８・１にまとめられた通り（ただし同表の内容は清水の執筆当時のもの）だが、以下に少し、補足しておく。

・管理者・利用者の区分

アーカイブズ資料について閲覧に供することが可能な範囲、および資料やシステムについて取り扱いが可能な範囲を考慮し、一般利用者と内部利用者とを、まずは大別する。後者についてはさらに、組織内利用者、資料整理者、資料管理者、システム管理者、と区分する必要がある。うち、資料管理者とシステム管理者が可能な行為として、後述する「修正履歴操作」を挙げている。

・行為レベル

これも大きくは、利用登録、アクセス権限、利用者権限設定に分けられ、また利用者権限設定については、データ検索・閲覧（公開データ・非公開データの各々について）、データ登録・修正、修正履歴操作、利用者管理、という区分を示している。うち、修正履歴操作について、清水は「修正や登録の履歴を残すことで、二操作前、三操作前の検索システムの状態に回復することができる機能であり、まったく同一とは言えないが、いわゆるバックアップ機能に似ている」と述べている。

二　具体的なしくみと実践

国際標準に準拠したオープンソース・ソフトウェアの例

ここまで述べてきたようなさまざまな要素、特に金（二〇二〇）が言う「コンテクストに関する情報」の記述・提供を含めた機能を実現している、具体的なシステムとして、どのようなものがあるだろうか。この点に関しては、資料記述や目録検索までのレベルで対応できるもの、資料そのもの（ボーン・デジタルなもの、ないしデジタル化されたもの）へのアクセスが可能なもの、さらにはアクセス権限等の設定が可能なものと、幅広いレベルで対応が可能であり、また前述した国際標準に準拠しつつ、国際レベルで普及しているオープンソース・ソフトウェア（ソースコードの改変や再配布が自可能なソフトウェア、ＯＳＳ）がいくつか存在する。これらの中には、少数ながら日本での適用が試みられているものもある。具体例は以下の通りである。

・ArchiveMatica
前述したＯＡＩＳ参照モデルを実体化するシステムとして構築されたもの。導入の試みについては藤本・橋本（二〇一九）が示しているほか、ＯＡＩＳ参照モデルとArchiveMaticaとの関係、またその基盤となる理論・思想については、橋本（二〇一六）が詳しく論じている。

・AtoM（Access to Memory）

国際アーカイブズ評議会（International Council of Archives：ICA）が定める、アーカイブズ資料の記述標準ISAD(G)（General International Standard Archival Description）に準拠した、記述情報の登録・管理のため、また検索手段（Finding Aids）提供につなげるためのソフトウェア。国外での導入状況と、国内での導入の試みは、金（二〇二〇）が詳しく論じている。

・ArchivesSpace

アーカイブズ、手稿、デジタル・オブジェクトの記述・整理のためのソフトウェア。AtoMに比べ、ISAD(G)以外にも、図書館向けの目録データのフォーマット（MARC）など、さまざまなメタデータ基準に対応している点が特色とされる。こちらの国内での導入の試みについては、松山・井村の論考（二〇二〇）を参照のこと。

・Omeka

オンラインのデジタルコレクションを管理するためのソフトウェア。ISAD(G)に比べると厳密ではないが汎用性の高い、デジタルコレクションのためのメタデータ標準Dublin Coreに準拠し、また高い柔軟性と拡張性を特色としている。こちらの導入例は日本国内で増えつつあるが、例として宮本の論考（二〇一九）を参照のこと。

もっとも、こうしたオープンソース・ソフトウェアの場合は、ソフトウェアの維持・管理や、OSや機器などの更新に的確に対応する必要性が高く、国際的な「利用者コミュニティ」に関与しつつ、自機関の組織においても的確に導入・維持・管理を継続していく必要がある。また、利用者主導でソフトウェアの実装・運用が進められるゆえ、利用者としての組織の側でコンピュータや情報技術に詳しいスタッフ、あるいは組織外部の専門家との協力を進めていく必要性も高い。加えて、上記のソフトウェアについては、まだ日本での導入例が少なく、日本語環境にあわせた「ローカライゼーション」も必要となる。

なお、このようなさまざまなオープンソース・ソフトウェアを組み合わせて記録管理・アーカイブズのシステム構築を行っている、任眞嬉（二〇一五）が紹介した韓国の事例も、あわせて参照いただきたい。

応用課題としての「個人が管理するデジタル情報」への対処

なお、本書での中心的な主題である「公文書」（狭義には政府機関や地方自治体といった公的機関の文書、と解される）とは別に、個人が管理するデジタル情報（文書・画像・動画などのファイルや、電子メール、ツイートなど）についてのアーカイビングの取り組みと課題については、米国での報告書の「仮訳」（Gabriela 二〇一九、Task Force 二〇一九）も含め、塩崎による近年の論考（二〇二〇）を例として参照いただきたい。さらに言えば、日本でよく見られる「公人・私人」の恣意的な使い分け、あるいは公文書と「私的メモ」との恣意的な使い分けをめぐる問題については別途検討が必要であり、本講では深くは論じないが、こうした点への目配り・対処という点でも、塩崎の論考（二〇二〇）が参考になるものと考える。

おわりに

本講では、ボーン・デジタル記録が大きな比重を占める「デジタル時代」のもとで遂行すべき、アーカイブズとアーキビストの任務と、それを果たすための具体的な取り組みについて、あくまで筆者として読者に意識していただきたいと考える主要なポイントを、以上の通り述べた。実際にはこれらに加え、「電子媒体の保存や、長期的利用を可能にするための移し替え（マイグレーション）の手法」「電子記録の廃棄と、デジタル・フォレンジック（デジタル鑑識、電子鑑識とも）の手法によるデジタルデータ復元との関係」「情報セキュリティとリスクマネジメント（電子記録の暗号化や、改ざん防止策含め）」「電子記録上のプライバシーについての保護」「電子メールの取り扱い」など、検討すべき論点は数多く存在する。これらについては、本書巻末の参考文献に掲げた資格試験テキストなども要点を提示しており、理解の助けとなる（公益社団法人日本文書マネジメント協会 二〇一九、NRMホールディングス責任編集 二〇一九）。ひとまず本講のまとめとして、以下に掲げる点を、デジタル時代において果たすべきアーカイブズとアーキビストの役割として、認識いただければと思う。

・デジタル情報（電子記録）の保存と長期的利用などについて定めた国際標準を理解し、それを公文書ほか記録管理のシステムの導入・調達に際して、要求仕様に反映できるようにする。

・また、コンテクスト情報など、アーカイブズ資料管理という観点で必要な要素を意識して、システム構築を進める。その際、国際標準に準拠したオープンソース・ソフトウェアを導入する可能性も、視野に入れる。

本講は、JSPS KAKENHI Grant Number 19K12708 の成果である。

注

（1）橋本陽「電子データ保存のモデル」帝国データバンク史料館 Web マガジン『学芸員雑記帳』、二〇一八-〇八-一二 http://www.tdb-muse.jp/webmagazine/2018/08/oais.html、（最終アクセス日 二〇二〇年八月三一日）より転載。

（2）図8-1は次をもとに作成されたものである。Lavoie, Brian. The Open Archival Information System（OAIS）Reference Model: Introductory guide（2nd Edition）. Glasgow, Digital Preservation Coalition, 2014.

（3）清水善仁「京都大学大学文書館における所蔵資料検索システムの構築」『京都大学大学文書館研究紀要』第七号、八七ページ（二〇〇九）より転載。

参考文献

第一講

安藤正人『記録史料学と現代』吉川弘文館（一九九八）

岡崎敦「アーカイブズ、アーカイブズ学とは何か」『九州大学附属図書館研究開発室年報』二〇一一／二〇一二、一―一〇ページ（二〇一二）

小川千代子・高橋実・大西愛編『アーカイブ事典』大阪大学出版会（二〇〇三）

小川千代子ほか『アーカイブを学ぶ』岩田書院（二〇〇七年）

加藤丈夫「わが国におけるアーキビスト育成の取り組み―職務基準書を用いたアーカイブズ専門職制度の開発―『アーカイブズ学研究』第二七号、日本アーカイブズ学会、八八―九四ページ（二〇一七）

毛塚万里「アーカイブズとアーキビストに関する覚書―私文書の作成支援からの提言―」『記録と史料』第三〇号、全国歴史資料保存利用機関連絡協議会、二九―四二ページ（二〇二〇）

国文学研究資料館史料館編『アーカイブズの科学』上・下、柏書房（二〇〇三）

瀬畑源『公文書をつかう―公文書管理制度と歴史研究―』青弓社（二〇一一）

全国歴史資料保存利用機関連絡協議会監修『文書館用語集』大阪大学出版会（一九九七）

高山正也「専門職の未来を考える―アーキヴィストの専門職化に関する考察―」『アーカイブズ学研究』第五号、日本アーカイブズ学会、七四―八二ページ（二〇〇六）

NPO法人知的資源イニシアティブ編『これからのアーキビスト―デジタル時代の人材育成入門―』勉誠出版（二〇一四）

学習院大学大学院人文科学研究科アーカイブズ学専攻＞専攻の目的
https://www.gakushuin.ac.jp/univ/g-hum/arch/02senkou.html（最終アクセス日　二〇二〇年五月一五日）
島根大学＞教育［学部・大学院］＞人間社会科学研究科＞人間社会科学研究科（修士課程）の新分野・アーカイブズ学の開設について
https://www.shimane-u.ac.jp/education/faculty/ninngennsyakai_menu/huso_2021_01.html（最終アクセス日　二〇二一年二月一五日）
独立行政法人国立公文書館「アーキビストの職務基準書」（平成三〇年（二〇一八年）一二月）
http://www.archives.go.jp/about/report/pdf/syokumukijunsyo.pdf（最終アクセス日　二〇二〇年五月一五日）
独立行政法人国立公文書館「アーキビスト認証の実施について」（令和二年三月二四日国立公文書館長決定）
http://www.archives.go.jp/about/report/pdf/ninsyou_jissi.pdf（最終アクセス日　二〇二〇年五月一五日）
独立行政法人国立公文書館「アーキビスト養成・認証制度調査報告書」（令和元年（二〇一九）一一月）
http://www.archives.go.jp/about/report/pdf/ninsyouhoukoku.pdf（最終アクセス日　二〇二〇年五月一五日）
独立行政法人国立公文書館「令和二年度認証アーキビスト申請の手引き」
http://www.archives.go.jp/ninsho/download/005_shinsei_tebiki.pdf（最終アクセス日　二〇二〇年六月一五日）
独立行政法人国立公文書館「令和二年度アーキビスト認証の実施結果の公表について」（令和三年一月八日）
http://www.archives.go.jp/news/pdf/20210108_01.pdf（最終アクセス日　二〇二一年二月一五日）

第二講

宇賀克也『逐条解説　公文書等の管理に関する法律（第3版）』第一法規（二〇一五）
野口貴公美「公文書管理法制の整備」行政法研究三〇号、五五ページ（二〇一九）
村上裕章「情報公開法制の整備」行政法研究三〇号、七一ページ（二〇一九）
藤原静雄「個人情報保護法制の整備」行政法研究三〇号、八五ページ（二〇一九）

岡田正則・榊原秀訓・白藤博行・人見剛・本田滝夫・山下竜一・山田洋編『現代行政法講座Ⅳ　自治体争訟・情報公開争訟』日本評論社（二〇一四）

第三講

大山礼子「立法紹介◇フランス　文書保存法」外国の立法、二一－三（一九八二）
新藤宗幸『官僚制と公文書――改竄、捏造、忖度の背景』筑摩書房（二〇一九）
瀬畑源『公文書をつかう――公文書管理制度と歴史研究』青弓社（二〇一一）
高橋滋・斎藤誠・藤井昭夫『条解行政情報関連三法――公文書管理法・行政機関情報公開法・行政機関個人情報保護法』弘文堂（二〇一一）
永野晴康「フランス文書保存制度の諸相――二〇〇八年法律による公文書保護制度を中心に」城西情報科学研究、二〇－一（二〇一〇）
中野目徹・熊本史雄編『近代日本公文書管理制度史料集　中央行政機関編』岩田書院（二〇〇九）
中野目徹『公文書管理法とアーカイブズ――史料としての公文書』岩田書院（二〇一五）
牧原出「『記録保存型文書管理』と『意思決定型文書管理』」総合研究開発機構・高橋滋共編者『政策提言――公文書管理の法整備に向けて』商事法務（二〇〇七）
三阪佳弘『近代日本の司法省と裁判官――一九世紀日仏比較の視点から』大阪大学出版会（二〇一四）
渡邉佳子「明治期中央行政機関における文書管理制度の成立」安藤正人・青山英幸編著『記録史料の管理と文書館』北海道大学図書刊行会（一九九六）
渡邉佳子「日本近代における公文書管理制度の展開」安藤正人・久保亨・吉田裕編『歴史学が問う　公文書の管理と情報公開――特定秘密保護法下の課題』大月書店（二〇一五）
Coeuré, S. et Duclert, V., Les archives, La Découverte（2011）
Hildesheimer, F., Une politique pour les archives 1880–1940?, dans Baruch M. O. et al.,（dir.）, Serviteurs de l'État, La

Découverte, L'espace de l'histoire（2000）

第四講

大濱徹也『アーカイブズへの眼—記録の管理と保存の哲学—』刀水書房（二〇〇七）
小川千代子・高橋実・大西愛編著『アーカイブ事典』大阪大学出版会（二〇一一）
小川千代子・菅真城・大西愛編著『公文書をアーカイブする—事実は記録されている—』大阪大学出版会（二〇一九）
久保亨・瀬畑源『国家と秘密—隠される公文書』集英社、七一ページ（二〇一四）
小池聖一『アーカイブズと歴史学　日本における公文書管理』刀水書房（二〇二〇年）
上代庸平編『アーカイブズ学要論　中京大学社会科学研究所叢書33』尚学社（二〇一四）
瀬畑源『公文書をつかう　公文書管理制度と歴史研究』青弓社（二〇一一）
瀬畑源『公文書問題—日本の「闇」の核心』集英社（二〇一八）
瀬畑源『国家と記録—政府はなぜ公文書を隠すのか？』集英社（二〇一九）
中京大学社会科学研究所アーカイブズ研究プロジェクト『中京大学社会科学研究所叢書42地方公共団体における公文書管理制度の形成—現状と課題—』公職研（二〇一七）
中京大学社会科学研究所アーカイブズ研究プロジェクト『社研叢書45公文書管理における現状と課題』創泉堂出版（二〇一九）
長井勉『公文書館紀行—公文書館を取材して見えてきた現状と課題』丸善プラネット株式会社（二〇一七）
日本弁護士連合会『公文書管理—民主主義の確立に向けて』明石書店（二〇一九）

第五講

安藤福平「公文書の管理・移管・評価選別について」『記録と史料』一〇号、一—一六ページ（二〇〇〇）

石田耕一「地方公共団体における公文書館的機能への着目について」（『アーカイブズ』五三号、二七―三三ページ（二〇一四）
小野隆之、高石浩平「行政文書の管理に関するガイドラインについて」『ジュリスト』No.一四一九、有斐閣、四六頁（二〇一一）
筧雅貴「アーカイブズとして保存する文書を選び出すためのアプローチについて」『アーカイブズ』五〇号、国立公文書館、八―一一ページ（二〇一三）
数野文明「諸統計の体系と統計関連資料の評価選別について」『広島県立文書館紀要』六号、広島県立文書館、三五―七四頁（二〇〇二）
楠本誠二「熊本県における行政文書管理制度」『アーカイブズ』五二号、国立公文書館、六六―六九ページ（二〇一四）
嶋田典人「香川県立文書館と学校アーカイブズ―よりよい保存と利活用のために」『香川県立文書館紀要』二〇号、香川県立文書館、一九―三四頁（二〇一六）
白井哲哉「日本の地方自治体における公文書管理制度の整備と公文書館の設置へ向けた取り組み」『アーカイブズ』四八号、国立公文書館、三八ページ（二〇一二）
鈴江英一「「内閣府『公文書等の適切な管理、保存及び利用に関する懇談会報告書』を読んで」『記録と史料』一五号、全国歴史資料保存利用機関連絡協議会、七八―八五ページ（二〇〇五）
鈴江英一「わが国の文書館における公文書の引継移管手続と収集基準について」『研究紀要』第四号、北海道立文書館、一〇八ページ（一九八九）。
高山正也「福岡共同公文書館の展望：公文書管理と公文書館の役割―福岡共同公文書館会館記念公園―」『アーカイブズ』四九号、国立公文書館、四〇―四六ページ（二〇一二）
高山正也「国立公文書館長業務引継帳余録」『レコード・マネジメント』六六号、記録管理学会、四―一一ページ（二〇一四）

壺阪龍哉「アーカイブズの未来のための提言：現用文書におけるコンサルタントの視点からひも解く」高山正也監修、壺阪龍哉他『文書と記録　日本のレコード・マネジメントとアーカイブズへの道』樹村房、第六章（二〇一八）
西村芳将「公文書館管理条例が拓く新しい公文書館―公文書等の管理に関する条例の制定と鳥取県の取り組み―」『アーカイブズ』四九号、国立公文書館、一〇ページ（二〇一三）
早川和宏監修、地方公共団体公文書管理条例研究会『こんなときどうする？　自治体の公文書管理～実際にあった自治体からの質問36』第一法規株式会社（二〇一九）
樋口雄一「公文書館資料の構成と利用について」『神奈川県立公文書館紀要』第三号、神奈川県立公文書館、一一ページ（二〇〇一）
樋口雄一「公文書館における評価と選別―原則的な考えかた―」『神奈川県立公文書館紀要』第三号、神奈川県立公文書館、三七ページ（二〇〇一）
松岡資明「アーカイブズ取材から見えた日本の病理」『アーカイブズ学研究』三一号、日本アーカイブズ学会、六ページ（二〇一九）
三輪宗弘「真に重要な資料の保存を―熊本県で文書管理・廃棄を評価する立場から」『新聞研究』七九四号、日本新聞協会、（二〇一七）
三輪宗弘『目からウロコの海外資料館めぐり』クロスカルチャー出版（二〇一九）
本村慈「地方自治体における公文書の管理に関する最近の取り組み」『アーカイブズ』四九号、独立行政法人国立公文書館、四七―五〇ページ（二〇一三）
千葉県庁文書目録　知事部局　農林水産部　畜産課「家畜伝染病発生月報・年俸」
http://www.pref.chiba.lg.jp/syozoku/a_bunsyo/pp/koukai/mokuroku/2013/15090/004-01-0008000.html（最終アクセス日　二〇二〇年一一月八日）
農林水産省「監視伝染病の発生状況：農林水産省」

https:// www.maff.go.jp/ j/ syouan/ douei/ kansi_densen/ kansi_densen.html（最終アクセス日　二〇二〇年一一月八日）

熊本県「熊本県行政文書等の管理に関する条例施行規則第六条第五号の知事が別に定める事項」（平成二五年四月五日告示第四四七号）。

https:// www1.g-reiki.net/ kumamoto/ act/ frame/ frame110010257.htm（最終アクセス日　二〇二〇年一一月二〇日）

「北九州市・校庭開放時の騒音に関する損害賠償請求控訴事件（福岡高判/平成三〇・九・二七）」地方自治判例研究会編集『判例地方自治』、No. 四五〇、四五―六六ページ（二〇一九）

「公文書管理　熊本にならえ」『西日本新聞』西日本新聞社、二〇一七年六月一八日

北九州市教育委員会「平成三一年度以降の部活動休養日及び活動時間の設定について（通知）」（北九教指二第一七七号）

北九州市教育委員会、福岡県教育委員会「中学校及び高等学校における運動部活動について」（平成一〇年三月二三日付北九教学保第八五一号通知）、（平成一〇年三月二三日付九教保指第二八二号県教育庁通知）

ジョン・コステロ（左近允尚敏訳）『真珠湾　クラーク基地の悲劇』啓正社（一九九八）

スポーツ庁「運動部活動の在り方に関する総合的なガイドライン」（平成三〇年三月）、https:// www.mext.go.jp/ sports/ b_menu/ shingi/ 013_index/ toushin/ __icsFiles/ afieldfile/ 2018/ 03/ 19/ 1402624_1.pdf（最終アクセス日　二〇二〇年一一月一五日）

文部科学省初等中等教育局長、スポーツ・青少年局長「体罰の禁止及び児童生徒理解に基づく指導の徹底について（通知）」（平成二五年三月一三日）

第六講

小川千代子・菅真城編著『アーカイブ基礎資料集』大阪大学出版会（二〇一五）

中野目徹『公文書管理法とアーカイブズ―史料としての公文書―』岩田書院（二〇一五）

丑木幸男『戸長役場史料の研究』岩田書院（二〇〇五）
『京都府立大学生活文化センター年報』一三・一四（一九八八・八九）所収
鈴江英一『近現代史料の管理と史料認識』北海道大学図書刊行会（二〇〇二）所収
全国歴史資料保存利用機関連絡協議会資料保存委員会編『データにみる市町村合併と公文書保存』岩田書院（二〇〇三）
加藤陽子「公文書管理について歴史研究者はどう見ているのか」『歴史学研究』九五四（二〇一七）
佐藤勝巳「公文書管理法から見えるもの」『歴史学研究』九五四（二〇一七）
飯塚一幸「京都府庁文書の来歴をめぐって」科学研究費補助金基盤研究（B）「京都府行政文書を中心とした近代行政文書についての史料学的研究」研究成果報告書（二〇〇八）
福島幸宏「郡役所の廃止と文書整理―京都府内の郡役所を例として―」科学研究費補助金基盤研究（B）「京都府行政文書を中心とした近代行政文書についての史料学的研究」研究成果報告書（二〇〇八）
丑木幸男「郡役所文書の廃棄と保存」『地方史研究』三三六（二〇〇七）参照
青木祐一「地方自治体における公文書管理とアーカイブズ」安藤正人・久保亨・吉田裕編『歴史学が問う公文書の管理と情報公開―特定秘密保護法下の課題』大月書店（二〇一五）
高村直助「『横浜市史Ⅱ』と市史資料室」『日本歴史』八三六（二〇一八）
小松芳郎『市史編纂から文書館へ』岩田書院（二〇〇〇）
山本幸俊「上越市史編さん事業から公文書館準備室へ」『記録と史料』一七（二〇〇七）、武石勉「開設七年目を迎えた上越市公文書センターの概要と取組」国立公文書館『アーカイブズ』六九（二〇一八）
稲葉政満「近代行政文書の保存科学」（二〇〇八）
下重直樹「『現代記録史料学』の必要性とその課題―電子公文書の管理をめぐって―」『歴史学研究』九八七（二〇一九）参照

第七講

エリザベス・W・アトキンス（訳・解題：財団法人渋沢栄一記念財団　実業史研究情報センター「ビジネス・アーカイブズ通信」編集部）「地方史か会社史か―多国籍企業海外現地法人アーカイブズの責任ある管理」（二〇〇八）
青木直己「ビジネス・アーカイブズの現状と利用―社史から地域を知る―」『国文学研究資料館紀要アーカイブズ研究篇』第一一号（通巻第四六号）（二〇一二）
「トヨタ自動車株式会社の社史編纂の歴史とアーカイブズ」公益財団法人渋沢栄一記念財団　実業史研究情報センター（二〇一四）
「花王アーカイブズと花王ウェイ　ビジネス環境の変化の中におけるアーカイブズと企業アイデンティティ―」公益財団法人渋沢栄一記念財団情報資源センター（二〇一五）
松崎裕子「資生堂のアーカイブズ　サステナビリティとトップ・マネジメント・チェンジ」公益財団法人渋沢栄一記念財団情報資源センター（二〇一六）
三輪宗弘「テキサス大学オースティン校ブリスコセンター（The Dolph Briscoe Center for American History）の利用ガイド：Exxon Mobil 資料を中心に」『九州大学附属図書館研究開発室年報』六―一一（二〇一六）
「パナソニックのアーカイブズ　エビデンス（証拠）で心の琴線に触れる―日本におけるウェイ、信頼、企業アーカイブズ」、公益財団法人渋沢栄一記念財団情報資源センター（二〇一九）

第八講

岡田一祐『ネット文化資源の読み方・作り方―図書館・自治体・研究者必携ガイド―』文学通信（二〇一九）
金﨑健太郎『情報システム調達の政策学―マイナンバーシステム調達における実態と課題―』関西学院大学出版会（二〇二〇）
岐阜女子大学デジタルアーカイブ研究所編『デジタルアーキビスト入門―デジタルアーカイブの基礎―』新版、樹村房（二〇一九）

金甫榮「アーカイブズ資料情報システムの構築と運用―AtoM（Access to Memory）を事例に―」『アーカイブズ学研究』第三二号、四―二九ページ（二〇二〇）
古賀崇「「デジタル・アーカイブ」の多様化をめぐる動向―日本と海外の概念を比較して―」『アート・ドキュメンテーション研究』第二四号、七〇―八七ページ（二〇一七）
古賀崇「記録管理・アーカイブズにおける「デジタル・フォレンジック」に関する一考察―国際比較に基づき―」『レコード・マネジメント』第七三号、七二―八五ページ（二〇一七）
公益社団法人日本文書マネジメント協会文書情報管理士検定試験委員会編『文書情報マネジメント概論―文書情報管理士指定参考書―』第二版、公益社団法人日本文書情報マネジメント協会（二〇一九）
後藤敏行「デジタル情報の保存をめぐる国際標準」日本図書館情報学会編『図書館・博物館・文書館の連携』勉誠出版、九三―一〇七ページ（二〇一〇）
齋藤ひとみ・二村健編著『図書館情報技術論』学文社（二〇一二）
塩崎亮「パーソナルデジタルアーカイブは一〇〇年後も「参照」されうるか」根本彰・齋藤泰則編『レファレンスサービスの射程と展開』日本図書館協会、一六三―一八三ページ（二〇二〇）
塩崎亮「個人による情報管理とパーソナルデジタルアーカイビング―アーカイブズおよび記録管理領域に対する示唆―」『聖学院大学論叢』第三二巻第二号、一―一六ページ（二〇二〇）
清水雅典「政府のＩＴ調達における課題等について―近年の決算検査報告等に見る失敗の事例から―」『立法と調査』第三三三号、一四〇―一五九ページ（二〇一二）
清水善仁「京都大学大学文書館における所蔵資料検索システムの構築」『京都大学大学文書館研究紀要』第七号、八五―一〇〇ページ（二〇〇九）
西川康男「記録管理の国際規格が新たにＪＩＳ規格（JIS X 0902-1）として改訂発行」『レコード&インフォメーションマネジメントジャーナル』第四一号、四八―五三ページ（二〇二〇）
橋本陽「電子記録をどう整理するか―インターパレスとイタリア・アーカイブズ学における知見に依拠して―」『レ

コード・マネジメント』第七一号、二四―三八ページ（二〇一六）
藤本貴子・橋本陽「文化庁国立近現代建築資料館における資料デジタル化の取り組みとArchivematicaによるデジタル・データ保存について」『日本写真学会誌』第八二巻一号、三一―三六ページ（二〇一九）
松山ひとみ・井村邦博「ArchivesSpaceを用いた収集アーカイブズの情報管理」『デジタルアーカイブ学会誌』第四巻二号、二二一―二二四ページ（二〇二〇）
水嶋英治ほか編著『デジタルアーカイブの資料基盤と開発技法―記録遺産学への視点―』晃洋書房（二〇一六）
宮本隆史「Omeka Sを活用した東京大学文書館デジタル・アーカイブの公開」『カレントアウェアネス-E』第三六一号、2019-01-17
https://current.ndl.go.jp/e2094（最終アクセス日　二〇二〇年八月三一日）
NO「情報の長期保存に有力なOAIS参照モデル　第1回」『BDCブログ』東京国立近代美術館、2016-12-22
https://www.momat.go.jp/nfc_bdc_blog/2016/12/22/（最終アクセス日　二〇二〇年八月三一日）
NO「情報の長期保存に有力なOAIS参照モデル　第2回」『BDCブログ』東京国立近代美術館、2016-12-24
https://www.momat.go.jp/nfc_bdc_blog/2016/12/24/（最終アクセス日　二〇二〇年八月三一日）
NRMホールディングス責任編集『記録情報管理士検定標準テキスト（上・下巻）』第五版（第二刷で若干補訂あり）、一般社団法人日本記録情報管理振興協会（二〇一九）
『アーキビスト養成・認証制度調査報告書』独立行政法人国立公文書館（二〇一九）
http://www.archives.go.jp/about/report/pdf/ninsyouhoukoku.pdf（最終アクセス日　二〇二〇年八月三一日）
『公文書館等におけるデジタルアーカイブ・システムの標準仕様書（平成三十年三月改訂）』独立行政法人国立公文書館（二〇一八）
http://www.archives.go.jp/about/report/pdf/da_180330.pdf（最終アクセス日　二〇二〇年八月三一日）
Gabriela, Redwineほか（塩崎亮訳）『ボーンデジタル情報：提供者、仲介業者、保存機関のための手引き（仮訳）』聖学院情報発信システムSERVE（二〇一九）

https://doi.org/10.15052/00003512（最終アクセス日　二〇二〇年八月三一日）
McKemmish, Sue ほか編（安藤正人ほか訳）『アーカイブス論—記録のちからと現代社会—』明石書店（二〇一九）
Task Force on Technical Approaches to Email Archives（塩崎亮訳）『電子メール保存の未来：電子メールアーカイブズの技術的アプローチに関するタスクフォース報告書（仮訳）』聖学院情報発信システムSERVE（二〇一九）https://doi.org/10.15052/00003513（最終アクセス日　二〇二〇年八月三一日）
Theimer, Kate. Digital archives. *Encyclopedia of archival science.* Luciana Duranti, Patricia C. Franks（eds.）Lanham, Maryland, Rowman & Littlefield, 157-160（2015）
任眞嬉（イム・ジンヒ　元ナミ・金甫榮訳）「韓国におけるオープンソース・ソフトウェア記録システムの普及活動—〈記録文化〉を浸透させるために—」『GCAS Report』第四巻、六—二二ページ（二〇一五）

あとがき

二〇一一年四月に公文書管理法が施行されてから一〇年になる。この間、アーカイブズとアーキビストをめぐる状況は進展を見せたが、一方で公文書をめぐる不祥事が多発したことは記憶に新しい。アーカイブズもアーキビストも一般に浸透しているとは言いづらいのが現状である。そのような状況の中で、公文書の管理と保存にかかわる課題を広く一般に向けて発信する啓蒙書・教養書とすると同時に、地方公共団体の職員研修、大学の授業の教科書・副読本としても用いることができる学習書として本書を企画した。大阪大学では、二〇二〇年度から大学院横断的な「アーキビスト養成・アーカイブズ学研究コース」を設けたこともその背景にある。

本書出版企画の直接の要因となったのは、二〇一九年三月一八日に開催した、社学共創連続セミナー「地域の記録を守り伝える―公文書館の課題と未来―」にある。このセミナーは、伊藤一晴氏(国立公文書館)「「アーキビストの職務基準書」の作成経緯と概要」、三輪宗弘氏(九州大学)「何を残すべきなのか―熊本県公文書への私のチャレンジと日本への提言」、矢切努氏(中京大学)「地方公共団体における公文書館の現状と課題」の三本の基調講演の後、高橋明男(大阪大学)をコーディネーターに「地方公共団体の公文書保存は、今」というパネルディスカッションを行った。三輪氏、矢切氏にはこのセミナー報告を基に本書を執筆いただいた。セミナー報告以外にも、アーカイブズ学的に必要と思われる項目を追加した。編著者の高橋は大阪大学アーカイブズ室長、菅はその専任教員である。三阪佳弘、飯塚一幸、廣田誠の各氏は、大阪大学アーカイブズの兼任教員である。大阪大学内で適切な執筆者がいなかった「デジタル」の問題については、古賀崇氏（天理大学）にお引き受けいただいた。コロナ禍でオンライン授業を強いられるなど、お忙しい中執筆いただいた先生方に感謝申し上げる。

大阪大学においては、アーキビスト養成、アーカイブズ学研究はまだまだ課題が多いが、本書をきっかけに進展を見せたい。望むべくは、本書を手にした方が、大阪大学の「アーキビスト養成・アーカイブズ学研究コース」を受講したり、その他のアーキビスト養成・アーカイブズ学研究の拠点を目指したりすることにつながればと願う。さらに、日本のアーカイブズ界の発展に本書が寄与することがあれば、望外の幸せである。

本書の出版にあたっては、大阪大学出版会の栗原佐智子氏に大変にお世話になった。記して感謝の意を表する次第である。

二〇二一年二月

高橋明男
菅　真城

第五講

三輪宗弘（みわ・むねひろ）

九州大学附属図書館付設記録資料館、九州大学大学院統合新領域学府ライブラリーサイエンス専攻（兼担）教授

専門は、経営史、軍事史、公文書の廃棄選別（評価）。東京工業大学理工学研究科社会工学専攻博士課程単位取得満期退学。九州共立大学経済学部専任講師（助教授）、九州大学石炭研究資料センター教授を経て現職。著書に『太平洋戦争と石油』（日本経済評論社、2004）、『米国司法省戦時経済局対日調査資料集』（全5巻）（クロスカルチャー出版、2008）、『目からウロコの海外資料館めぐり』（クロスカルチャー出版、2019）などがある。

第六講

飯塚一幸（いいづか・かずゆき）

大阪大学大学院文学研究科 教授

専門は日本近代史。京都大学大学院文学研究科博士後期課程国史学専攻単位取得退学。舞鶴工業高等専門学校専任講師、佐賀大学文化教育学部助教授、大阪大学大学院文学研究科准教授を経て現職。摂津市史編さん委員、枚方市史編纂委員、八尾市史編集委員。著書に『日本近代の歴史3　日清・日露戦争と帝国日本』（吉川弘文館、2016年）、『明治期の地方制度と名望家』（吉川弘文館、2017年）、共編著書に『帝国日本の移動と動員』（大阪大学出版会、2018年）などがある。

第七講

廣田　誠（ひろた・まこと）

大阪大学大学院経済学研究科 教授

専門は近代日本経済史、商業史。大阪大学大学院経済学研究科経済学専攻博士課程後期単位取得満期退学。下関市立大学経済学部講師、神戸学院大学経済学部教授などを経て現職。著書に『近代日本の日用品小売市場』（清文堂出版、2007）、『日本の流通・サービス産業―歴史と現状―』（大阪大学出版会、2013）、『「わろてんか」を商いにした街 大阪』（NHK出版、2017）、共著書に『日本商業史―商業・流通の発展プロセスをとらえる―』（有斐閣、2017）などがある。

第八講

古賀　崇（こが・たかし）

天理大学人間学部総合教育研究センター（図書館司書課程）教授

専門は政府情報論、図書館情報学、アーカイブズ学、記録管理学。東京大学大学院教育学研究科博士課程単位取得満期退学。国立情報学研究所助手・助教、京都大学附属図書館研究開発室准教授などを経て現職。アート・ドキュメンテーション学会幹事長などを歴任。共著書に『シリーズ図書館情報学3　情報資源の社会制度と経営―理論と実践―』（東京大学出版会、2013）、『デジタル・アーカイブとは何か』（勉誠出版、2015）などがある。

編者・著者紹介（＊は編者）

第一講

菅　真城（かん・まさき）*
大阪大学アーカイブズ 教授
専門はアーカイブズ学、記録管理学、日本史学。広島大学大学院文学研究科博士課程後期国史学専攻単位修得退学。広島大学文書館助手、大阪大学文書館設置準備室講師などを経て現職。認証アーキビスト。日本アーカイブズ学会登録アーキビスト。記録管理学会会長。香川県立文書館運営協議会委員。著書に『大学アーカイブズの世界』（大阪大学出版会、2013）、共編著書に『公文書をアーカイブする—事実は記録されている—』（大阪大学出版会、2019）などがある。

第二講

高橋明男（たかはし・あきお）*
大阪大学大学院法学研究科 教授
専門は行政法。大阪大学法学研究科公法学専攻単位取得退学。大阪大学法学研究科助手、同助教授を経て現職。共編訳書に『法の支配と法治主義』（早稲田大学比較法研究所叢書 47）（成文堂、2020）、編著書に『日本型法治主義を超えて—行政の中の法の担い手としての法曹・公務員—』（大阪大学出版会、2018）、共著書に『行政法の基本（第 7 版）』（法律文化社、2019）、『現代行政とネットワーク理論』（法律文化社、2019）などがある。

第三講

三阪佳弘（みさか・よしひろ）
大阪大学大学院高等司法研究科 教授
専門は日本法制史。大阪大学大学院法学研究科博士後期課程単位取得退学。大阪大学法学部助手、龍谷大学法学部助教授、同教授を経て現職。著書に『近代日本の司法省と裁判官—19 世紀日仏比較の視点から—』（大阪大学出版会、2014）、編著書に『「前段の司法」とその担い手をめぐる比較法史研究』（大阪大学出版会、2019）などがある。

第四講

矢切　努（やぎり・つとむ）
中京大学法学部 准教授
専門は日本近現代法制史。大阪大学大学院法学研究科博士後期課程修了。大阪府公文書館（非常勤嘱託員〔専門職〕）、大阪経済法科大学アジア研究所（客員研究員）、大阪大学大学院法学研究科（招へい研究員）等を経て、2015 年 4 月より現職。主要論文に「『馬場税制改革案』の立案と軍部の地方財政調整交付金制度構想」（『阪大法学』第 63 巻第 3・4 号、2013）、「日本における公文書管理問題の法史学的考察」（『中京法學』第 54 巻第 1・2 合併号、2019）などがある。

阪大リーブル 76

アーカイブズとアーキビスト
—記録を守り伝える担い手たち—

発行日　2021年3月31日　初版第1刷発行
編　者　大阪大学アーカイブズ
　　　　高橋 明男
　　　　菅　 真城
装　幀　LEMONed 大前靖寿
発行所　大阪大学出版会
　　　　代表者　三成賢次
　　　　〒565-0871
　　　　大阪府吹田市山田丘2-7　大阪大学ウエストフロント
　　　　電話 06-6877-1614（直通）　FAX 06-6877-1617
　　　　URL　http://www.osaka-up.or.jp
印刷・製本　尼崎印刷株式会社

ISBN 978-4-87259-644-1　C1300

HANDAI Live

阪大リーブル

001 ピアノはいつピアノになったか？（付録CD「歴史的ピアノの音」） 伊東信宏 編 定価 本体1700円+税

002 日本文学 二重の顔 〈成る〉ことの詩学へ 荒木浩 著 定価 本体2000円+税

003 超高齢社会は高齢者が支える 年齢差別《エイジズム》を超えて創造的老い《プロダクティブエイジング》へ 藤田綾子 著 定価 本体1600円+税

004 ドイツ文化史への招待 芸術と社会のあいだ 三谷研爾 編 定価 本体2000円+税

005 猫に紅茶を 生活に刻まれたオーストラリアの歴史 藤川隆男 著 定価 本体1700円+税

006 失われた風景を求めて 災害と復興、そして景観 鳴海邦碩・小浦久子 著 定価 本体1800円+税

007 医学がヒーローであった頃 ポリオとの闘いにみるアメリカと日本 小野啓郎 著 定価 本体1700円+税

008 歴史学のフロンティア 地域から問い直す国民国家史観 秋田茂・桃木至朗 編 定価 本体2000円+税

009 懐徳堂 墨の道 印の宇宙 懐徳堂の美と学問 湯浅邦弘 著 定価 本体1700円+税

010 ロシア 祈りの大地 津久井定雄・有宗昌子 編 定価 本体2100円+税

011 懐徳堂 江戸時代の親孝行 湯浅邦弘 編著 定価 本体1800円+税

012 能苑逍遥(上) 世阿弥を歩く 天野文雄 著 定価 本体2100円+税

013 わかる歴史・面白い歴史・役に立つ歴史 歴史学と歴史教育の再生をめざして 桃木至朗 著 定価 本体2000円+税

014 芸術と福祉 アーティストとしての人間 藤田治彦 編 定価 本体2200円+税

015 主婦になったパリのブルジョワ女性たち 一〇〇年前の新聞・雑誌から読み解く 松田祐子 著 定価 本体2100円+税

016 医療技術と器具の社会史 聴診器と顕微鏡をめぐる文化 山中浩司 著 定価 本体2200円+税

017 能苑逍遥(中) 能という演劇を歩く 天野文雄 著 定価 本体2100円+税

018 太陽光が育くむ地球のエネルギー 光合成から光発電へ 濱川圭弘・太和田善久 編著 定価 本体1600円+税

019 能苑逍遥(下) 能の歴史を歩く 天野文雄 著 定価 本体2100円+税

020 懐徳堂 市民大学の誕生 大坂学問所懐徳堂の再興 竹田健二 著 定価 本体2000円+税

021 古代語の謎を解く 蜂矢真郷 著 定価 本体2300円+税

022 地球人として誇れる日本をめざして 日米関係からの洞察と提言 松田武 著 定価 本体1800円+税

023 フランス表象文化史 美のモニュメント 和田章男 著 定価 本体2000円+税

024 懐徳堂 漢学と洋学 伝統と新知識のはざまで 岸田知子 著 定価 本体1700円+税

025 ベルリン・歴史の旅 都市空間に刻まれた変容の歴史 平田達治 著 定価 本体2200円+税

026 下痢、ストレスは腸にくる 石蔵文信 著 定価 本体1300円+税

027 くすりの話 セルフメディケーションのための 那須正夫 著 定価 本体1100円+税

028 格差をこえる学校づくり 関西の挑戦 志水宏吉 編 定価 本体2000円+税

029 リン資源枯渇危機とはなにか リンはいのちの元素 大竹久夫 編著 定価 本体1700円+税

030 実況《ライブ》・料理生物学 小倉明彦 著 定価 本体1700円+税

031 **夫源病** こんなアタシに誰がした　石蔵文信 著　定価 本体1300円+税

032 **ああ、誰がシャガールを理解したでしょうか？** 二つの世界間を生き延びたイディッシュ文化の末裔　圀府寺司 編著　CD付　定価 本体2000円+税

033 **懐徳堂 懐徳堂ゆかりの絵画**　奥平俊六 編著　定価 本体2000円+税

034 **試練と成熟** 自己変容の哲学　中岡成文 著　定価 本体1900円+税

035 **ひとり親家庭を支援するために** その現実から支援策を学ぶ　神原文子 編著　定価 本体1900円+税

036 **知財インテリジェンス** 知識経済社会を生き抜く基本教養　玉井誠一郎 著　定価 本体2000円+税

037 **幕末鼓笛隊** 土着化する西洋音楽　奥中康人 著　定価 本体1900円+税

038 **ヨーゼフ・ラスカと宝塚交響楽団** (付録ＣＤ「ヨーゼフ・ラスカの音楽」)　根岸一美 著　定価 本体2000円+税

039 **上田秋成** 絆としての文芸　飯倉洋一 著　定価 本体2000円+税

040 **フランス児童文学のファンタジー**　石澤小枝子・高岡厚子・竹田順子 著　定価 本体2200円+税

041 **東アジア新世紀** リゾーム型システムの生成　河森正人 著　定価 本体1900円+税

042 **芸術と脳** 絵画と文学、時間と空間の脳科学　近藤寿人 編　定価 本体2200円+税

043 **グローバル社会のコミュニティ防災** 多文化共生のさきに　吉富志津代 著　定価 本体1700円+税

044 **グローバルヒストリーと帝国**　秋田茂・桃木至朗 編　定価 本体2100円+税

045 **屏風をひらくとき** どこからでも読める日本絵画史入門　奥平俊六 著　定価 本体2100円+税

046 **アメリカ文化のサプリメント** 多面国家のイメージと現実　森岡裕一 著　定価 本体2100円+税

047 **ヘラクレスは繰り返し現われる** 夢と不安のギリシア神話　内田次信 著　定価 本体1800円+税

048 **アーカイブ・ボランティア** 国内の被災地で、そして海外の難民資料を　大西　愛 編　定価 本体1700円+税

049 **サッカーボールひとつで社会を変える** スポーツを通じた社会開発の現場から　岡田千あき 著　定価 本体2000円+税

050 **女たちの満洲** 多民族空間を生きて　生田美智子 編　定価 本体2100円+税

051 **隕石でわかる宇宙惑星科学**　松田准一 著　定価 本体1600円+税

052 **むかしの家に学ぶ** 登録文化財からの発信　畑田耕一 編著　定価 本体1600円+税

053 **奇想天外だから史実** 天神伝承を読み解く　髙島幸次 著　定価 本体1800円+税

054 **とまどう男たち—生き方編**　伊藤公雄・山中浩司 編著　定価 本体1600円+税

055 **とまどう男たち—死に方編**　大村英昭・山中浩司 編著　定価 本体1500円+税

056 **グローバルヒストリーと戦争**　秋田茂・桃木至朗 編著　定価 本体2300円+税

057 **世阿弥を学び、世阿弥に学ぶ**　大槻文藏監修　天野文雄 編集　定価 本体2300円+税

058 **古代語の謎を解く II**　蜂矢真郷 著　定価 本体2100円+税

059 **地震・火山や生物でわかる地球の科学**　松田准一 著　定価 本体1600円+税

060 **こう読めば面白い！フランス流日本文学** —子規から太宰まで—　柏木隆雄 著　定価 本体2100円+税

061 歯周病なんか怖くない
歯学部教授が書いたやさしい歯と歯ぐきの本
村上伸也 編
定価 本体1300円+税

062 みんなの体をまもる免疫学のはなし
対話で学ぶ役立つ講義
坂野上淳 著
定価 本体1600円+税

063 フランスの歌いつがれる子ども歌
石澤小枝子・高岡厚子・竹田順子 著
定価 本体1800円+税

064 黄砂の越境マネジメント
黄土・植林・援助を問いなおす
深尾葉子 著
定価 本体2300円+税

065 古墳時代に魅せられて
都出比呂志 著
定価 本体1700円+税

066 「羅生門」の世界と芥川文学
清水康次 著
定価 本体2000円+税

067 心と身体のあいだ
ユング派の類心的イマジネーションが開く視界《ヴィジョン》
老松克博 著
定価 本体1900円+税

068 日本を彩る香りの記憶
内野花 著
定価 本体1600円+税

069 ほんとうのトコロ、認知症ってなに？
山川みやえ・土岐博・佐藤眞一 著
定価 本体1600円+税

070 公文書をアーカイブする
事実は記録されている
小川千代子・菅真城・大西愛 編著
定価 本体1800円+税

071 小説家、織田作之助
斎藤理生 著
定価 本体2300円+税

072 グローバルヒストリーから考える新しい大学歴史教育
日本史と世界史のあいだで
秋田茂・桃木至朗 編著
定価 本体2300円+税

073 スポーツで蒔く平和の種
紛争・難民・平和構築
岡田千あき 編著
定価 本体1800円+税

074 漢方がみちびく心と体のレジリエンス（回復力）
萩原圭祐 著
定価 本体1600円+税

075 東日本大震災と災害ボランティア
渥美公秀・貫牛利一 編
定価 本体2200円+税

（四六判並製カバー装。定価は本体価格＋税。以下続刊）

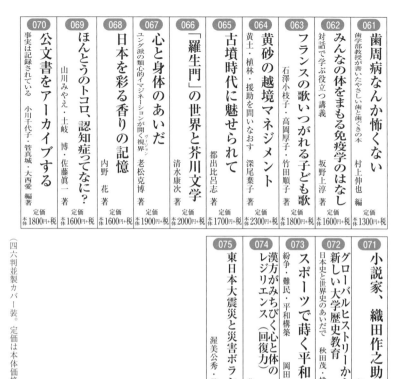